별자리 이야기

차례
Contents

들어가며

흔히 밤하늘을 볼 때, 사람들은 커다란 망원경이 필요하다고 생각한다. 그러나 밤하늘을 가장 깊이 이해하고 느끼는 방법은 인류가 수만 년 동안 그랬듯 맨눈으로 별을 바라보는 것이다.

이 책은 직접 밤하늘을 보려는 사람들을 위해 쓰였다. 특히 언제 어디서나 가지고 다니며 읽을 수 있도록 제작되었다. 이 책을 여행 갈 때, 휴가를 떠날 때, 시골에 내려갈 때 부담 없이 가방 한 편에 넣어 간다면 밤하늘을 즐기는 데에 많은 도움이 될 것이다.

이 책은 먼저 계절별로 밤하늘 관측을 시작하는 방법을

소개한 후 별자리를 찾는 방법과 중요한 관측 대상들을 설명하였다. 모든 설명은 성도와 함께 제공하였으며 마지막에 1년 12달의 월별 밤하늘 성도를 첨부하여 밤하늘을 즐기는 데 부족함이 없도록 하였다.

별이 아름다운 것은 거기에 담긴 인간의 이야기들 때문이다. 그것은 그리스 신화일 수도 있고, 견우와 직녀의 이야기일 수도 있다. 이 책은 과학적인 사실들뿐만 아니라 이러한 인간의 이야기들 또한 다루었다.

오늘날 우리는 도시의 고층 건물들과 화려한 불빛 속에 살면서 하나둘씩 자연을 잊고 있다. 그러나 밤하늘의 별들은 굳이 시간을 내어 야외로 나가지 않아도 눈을 들면 어디서든 변함없이 우리를 반겨준다. 다만 우리가 그것을 알아보지 못하니 안타까울 따름이다. 이 책을 통해 모든 이들이 밤하늘의 아름다움을 느끼고 행복해질 수 있게 되기를 바라며, 지금부터 밤하늘 여행을 시작해보자.

일러두기

이 책은 별이나 별자리 이름, 학술 용어가 처음 등장할 때 영어를 함께 표기하여 혼동을 방지하고 외국 성도를 읽을 때 도움이 되도록 하였다.

현재 우리가 사용하는 별자리 이름은 총 88개로, 1922년 국제천문연맹(IAU, International Astronomical Union) 총회에서 결정된 것이다. 이 중 큰곰, 작은곰, 오리온 등 북반구 별자리들은 2세기 프톨레마이오스(Klaudios Ptolemaeos 85?~165?)가 편찬한 『알마게스트(Almagest)』에서 언급된 것들로 그리스의 천문학자 히파르코스(Hipparchos 기원전 160?~기원전 125?)의 항성 목록에도 있었다고 하나 현재 전해지지 않고 있다.

남반구의 별자리인 공작, 황새치, 카멜레온 등은 대항해 시대가 되어서야 알려지게 되었으며, 독일의 천문학자 요한 바이어(Johann Bayer, 1572~1625)가 1603년 『우라노메트리아(Uranometria)』라는 책에서 처음 소개하였다.

요한 바이어는 이름 없는 별들을 부르기 위한 바이어식 표기법(Bayer Designation)도 소개하였는데, 알파 센타우리(α Cen) 또는 센타우루스자리 알파(α Centauri)와 같이 별자리 이름과 그리스 문자를 붙여 부르는 방법이다.

별의 위치를 나타내는 데에는 좌표계가 필요하다. 흔히 사용하는 것은 적도좌표계(equatorial coordinates system)로 지구의 경도, 위도에 해당하는 밤하늘의 적경, 적위 이용하여 별의 위치를 나타낸다. 이 책의 별자리 성도를 포함해 대부분의 성도는 적도좌표계를 기준으로 그려지는데, 이 경우 성도의 위쪽이 북극성(Polaris) 방향이고, 별들은 시간이 지남에 따라 성도의 왼쪽에서 오른쪽으로 흐른다는 점을 알아두면 좋다.

실제 관측 시에 별을 찾기 위해서는 관측자를 기준으로 동서남북을 나타내는 방위각과 고도를 이용하여 별의 위치를 나타내는 경우가 많다. 이를 지평좌표계(horizontal system of coordinates)라고 하며, 적도 좌표계와 지평 좌표계는 장소와 시간만 알면 상호 변환이 가능하다. 많은 성도 프로그램들이 특정 시각과 특정 장소의 밤하늘 성도를 출력하는 기능이 있는데, 이는 이러한 변환을 거친 것이다. 그러나 이러한 프로그램들이 없더라도 걱정할 필요가 없다. 이 책의 말미에는 열두 달 밤하늘 성도가 있는데, 바로 지평좌표계를 이용한 성도로서 매달 16일 자정에 대한민국 서울에서 본 밤하늘의 모습을 나타낸다. 밤하늘의 별들이 시간당 15°씩 동쪽에서 남쪽을 거쳐 이동한다는 사실을 안다면(태양 또한 별이라는 사실을 참고하자) 시간이 약간 달라져도 큰 문제가 되지 않는다.

별에도 색깔이 있다. 맨눈으로 봤을 때는 차이가 없지만, 프리즘으로 별빛의 스펙트럼을 보면 각기 다른 패턴을 보인다. 천문학자들은 이 패턴을 이용하여 별을 O, B, A, F, G, K, M형으로 구분하는데, O형으로 갈수록 푸른색을 띠며 M형으로 갈수록 붉은색을 띤다. 이 책의 성도에서는 이 스펙트럼형에 따라 별의 색을 표시하였으며, 다음 페이지 하단의 그림처럼 별의 밝기에 따라 표시된 크기를 다르게 하였다. 또한 변광성, 다중성도 구분하여 표시하였다. 성운, 성단, 은하의 경우에도 종류에 따라 기호를 달리 표시하여 한눈에 알아보기 쉽게 하였다.

○	◎	□	⊕	𝒪
산개성단	구상성단	성운	행성상성운	은하

●	●	●	●	●	●	●	○	⊖
O형	B형	A형	F형	G형	K형	M형	변광성	다중성

제1부

북쪽 하늘의 별자리
Northern Constellations

밤하늘 시작하기

북쪽 하늘에는 북극성과 그 주변에 1년 내내 함께 떠 있는 몇 개의 별자리들이 있다. 큰곰자리, 작은곰자리, 용자리, 카시오페이아자리, 케페우스자리 등이 여기에 속한다.

이 별자리들은 지평선 아래로 지지 않고 늘 북극성 주위를 돌고 있다. 이런 별을 주극성(Circumpolar star, 周極星)이라고 하는데, 어떤 별이 주극성인지 아닌지는 관측자의 위도에 따라 달라지기 때문에 절대적인 것은 아니다. 이 책에서는 우리나라가 속한 북반구 중위도의 관측자를 기준으로 설명한다.

이 별자리들이 지평선 아래로 지지 않는다고 해서 항상

볼 수 있는 것은 아니다. 도시의 불빛 때문에 생기는 광해(光害)와 주변의 건물, 산등성이 같이 시야를 가리는 장애물 등은 별자리 관측을 어렵게 하는 요인이다. 따라서 북쪽 하늘 별자리도 밤 9시쯤에 높게 떠서 잘 보이는 계절을 기준으로 봄, 여름, 가을, 겨울철 별자리로 분류하기도 하는데, 이러한 분류를 알아두면 관측할 때 도움이 된다.

북두칠성으로 유명한 큰곰자리를 예로 들어보자. 여름에는 큰곰자리가 밤 9시에서 12시 사이에 높게 뜨기 때문에 찾기 쉽지만, 반대로 겨울에는 찾기 어렵다. 하지만 'W' 모양으로 유명한 카시오페이아자리는 이와 반대다.

큰곰자리와 카시오페이아자리를 제외한 나머지 별자리들은 3~5등성의 어두운 별들로 이루어져 있기 때문에 찾기 어렵다. 흔히 광해가 없는 맑은 날에는 맨눈으로 6등성까지 볼 수 있다지만, 실제로는 관측 장소 주위의 불빛이나 날씨 등 여건에 따라 어두운 별을 보기 어려운 경우가 많아 대개 4등성 이하의 별은 잘 볼 수 없다.

그럼에도 꼭 찾아야 하는 별이 있다. 바로 북극성이다. 북극성은 2등급의 밝은 별이고 항상 북쪽 하늘의 같은 위치에 있기 때문에 날씨가 아주 나쁘지 않으면 대부분 볼 수 있다. 따라서 관측할 때 먼저 북극성을 찾아 동서남북을 파악한 후 다른 별자리들을 찾는다.

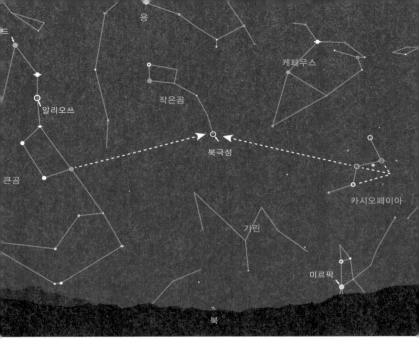

　북극성은 큰곰자리의 북두칠성이나 카시오페이아자리를
이용하여 찾을 수 있다. 북두칠성의 국자 머리 부분의 두 별
을 이어 그 간격만큼 5배 이어나가면 된다. 북두칠성의 고도
가 낮아 보이지 않을 때는 카시오페이아자리의 'W' 모양 양
쪽 변을 이은 연장선이 만나는 점에서 가운데 점 방향으로
뻗어나가면 된다. 앞서 말한 바와 같이 이 두 별자리는 북극
성을 중심으로 서로의 반대 방향에 있으므로 둘 중 하나는
항상 잘 보인다. 그러므로 두 가지 방법을 모두 알고 있으면
언제든지 북극성을 찾을 수 있을 것이다.

큰곰자리 Ursa Major, UMa

어떤 별자리일까?

흔히 북두칠성을 큰곰자리라고 하는데, 정확히 말하면 북두칠성은 큰곰자리의 일부를 이루는 밝은 별들일 뿐이다. 밤하늘을 올려보았을 때 보이는 장엄한 큰곰자리와 북두칠성이야말로 밤하늘 여행을 시작하기에 최고임이 틀림없다.

찾아가기

북두칠성은 별 7개 모두가 3등성 이상이므로 눈에 금방

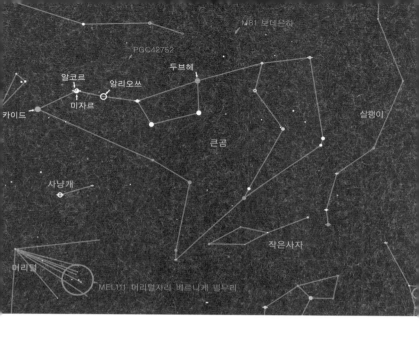

들어온다. 국자의 크기가 손 한 뼘 정도 되기 때문에 밤하늘
을 넓게 바라본다면 더욱 쉽게 찾을 수 있다.

별자리 즐기기

북두칠성에는 재미있는 이중성(Double star)이 있다. 국자
손잡이의 끝에서 두 번째 별인 미자르(Mizar)라는 별과 옆에
있는 알코르(Alcor)라는 별인데, 어떤 사람에겐 이 별이 두 개
로 보이고 또 어떤 사람에겐 하나로 보인다. 왜 그럴까? 4등
성의 알코르가 2등성의 미자르 옆에 있기 때문에 알코르를

보기 위해서는 시력이 1.5 이상이어야 한다. 때문에 고대 그리스와 로마, 아라비아에서는 이 이중성을 이용해 시력 검사를 했다고 한다. 두 별이 하나로 보이면 군인이 될 수 없었던 것이다. 혹시 자신이 시력이 나쁘다고 실망하지는 말자. 이곳에 카메라를 15초 동안 노출시켜서 사진을 찍으면 두 별이 나뉘어 있는 것을 확인할 수 있다.

이렇게 두 개의 별이 하나처럼 보이는 경우 이중성(쌍성 또는 연성), 세 개 이상의 별이 붙어 있으면 다중성이라고 한다. 미자르와 알코르는 우연히 우리의 시선 방향에 나란히 있어 두 개가 붙은 것처럼 보이는 겉보기 이중성(광학적 이중성,

이중성

optical double star)이다. 이와는 달리 실제로 두 별이 서로의 주위를 공전하는 경우에는 물리적 이중성(physical double star)이라고 한다.

담긴 이야기

아르카디아의 칼리스토 공주는 달과 사냥의 여신인 아르테미스의 추종자였다. 어느 날, 칼리스토가 숲 속에서 낮잠을 자고 있었는데, 우연히 그 모습을 본 제우스는 그녀의 모습에 반해버렸다. 결국 칼리스토는 아르테미스에 대한 순결의 맹세를 지키지 못하고 제우스의 아이를 낳고야 말았다. 이 사실이 아르테미스의 다른 추종자들에게 알려지자 그들은 칼리스토를 신의를 저버린 여자로 취급하였다. 이들이 두려웠던 칼리스토는 숲 속으로 도망쳤고 그곳에서 제우스의 아이인 아르카스를 낳았다. 제우스의 아내인 헤라가 이 사실을 모를 리 없었고, 이를 시기한 헤라는 지상에 내려와 칼리스토를 찾아내 흰곰으로 만들어버렸다. 시간이 흘러 칼라스토의 아들 아르카스는 사냥꾼이 되었고, 어느 날 숲에서 흰곰을 보고 화살을 겨누었다. 흰곰이 된 자신의 어머니를 알아보지 못한 것이다. 이에 제우스가 황급히 둘을 별자리로 만들었으니, 이것이 큰곰자리와 작은곰자리다.

작은곰자리 Ursa Minor, UMi

어떤 별자리일까?

작은곰자리는 북쪽을 알려주는 북극성이 속한 별자리다. 작은곰자리도 북두칠성처럼 국자 모양인데, 국자 손잡이의 끝에 북극성이 있다. 북극성은 항상 같은 자리에 머무르며, 어두운 밤하늘에서 나침반 역할을 해준다. 옛날 사람들은 북극성을 보고 방향을 잡았으며, 지금도 망원경의 극축을 맞출 때 북극성을 이용한다.

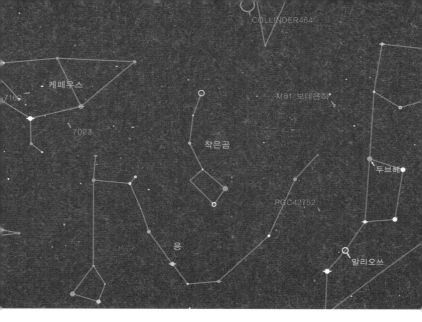

케페우스

7100

7023

COLLINDER464

M81 보데은하

작은곰

두브헤

PGC42752

용

알리오쓰

찾아가기

작은곰자리를 찾기 위해서는 우선 북극성을 찾아야 한다. 앞에서 살펴본 바와 같이 큰곰자리 알파(α)별과 베타(β)별을 이어서 5배만큼 가면 북극성을 만나게 된다. 북두칠성이 고도가 낮아 보이지 않을 때에는 카시오페이아자리를 이용하여 찾으면 된다. 북극성을 찾은 후에는 이 별을 꼬리로 하여 북두칠성의 국자 모양과 반대 방향으로 평행한 국자 모양을 그리면 된다. 작은곰자리를 이루는 별들은 북두칠성처럼 밝지 않으므로 조금 더 신경을 써서 찾아야 한다. 주변 별들도 밝기가 비슷하기 때문에 처음엔 어떤 별이 작은곰자리를 이루는지 헤맬 수도 있다.

별자리 즐기기

오랜 시간이 지나면 지구에서 보는 별들의 위치가 변하게 된다. 별 자체가 고유한 운동을 가지고 있어 이동하기도 하고, 지구 또한 세차운동을 하기 때문이다. 세차운동에 대해 이해하려면 팽이를 떠올리면 된다. 처음 팽이를 돌리면 흔들림 없이 잘 돌아간다. 그러나 시간이 지나면 회전이 느려지고, 팽이의 축은 크게 원을 그리면서 흔들린다. 지구의 자전축 역시 팽이처럼 흔들리는데 이것이 바로 세차운동이다.

남극과 북극이란 정의가 지구의 자전축을 기준으로 정해진 것이기 때문에 시간이 흐르면 북극을 가리키는 별의 위치도 바뀌게 된다. 5,000년 전에는 용자리의 투반(Thuban)이라는 별이 북극성이었으며, 1만 2,000년 후에는 직녀성인 베가(Vega)가 북극성이 된다.

담긴 이야기

큰곰자리와 함께 하늘을 맴도는 작은곰자리는 칼리스토

의 아들 아르카스다. 아르카스는 공주 칼리스토와 제우스의 아들로 태어났다. 하지만 그의 어머니 칼리스토가 헤라의 질투를 받고 흰곰이 되어버렸기 때문에 어느 농부의 밑에서 자라 사냥꾼이 되었다.

어느 날, 아르카스가 숲에서 사냥하던 중 갑자기 흰곰이 그에게 다가왔다. 흰곰은 바로 그의 어머니 칼리스토였다. 아르카스는 흰곰이 자신을 공격하는 것으로 오해해 화살을 겨누었다. 이것을 본 제우스는 황급히 아르카스를 작은곰자리로, 칼리스토를 큰곰자리로 만들어 밤하늘의 별자리로 올리게 되었다.

용자리 Draco, Dra

어떤 별자리일까?

북극성 주변 하늘을 거대하게 휘감은 별자리가 있다. 바로 용자리다. 5,000년 전에는 북극이 용자리에 위치했기 때문에 용자리가 하늘의 중심이었지만, 지금은 그 역할을 작은곰자리에게 넘겨주었다.

찾아가기

작은곰자리와 백조자리를 이용하면 용자리의 전체적인

모습을 찾을 수 있다(26쪽 이미지 참고). 용자리는 생각하는 것
보다 훨씬 크게 보이기 때문에 넓은 시야로 하늘을 바라봐
야 한다.

별자리 즐기기

용자리는 사실 자주 찾는 별자리는 아니다. 용자리를 이
루는 별들이 밝지도 않을 뿐만 아니라 별자리의 크기가 너
무 커서 전체적인 모습을 연결하기도 어렵기 때문이다. 하
지만 용의 머리를 이루는 사다리꼴은 천체관측에 많은 도움

이 된다. 사다리꼴에 위치한 4개의 별은 각각 2등성, 3등성, 4등성, 5등성이므로 별의 밝기를 가늠하는 기준이 될 수 있기 때문이다. 맨눈으로 별을 보면 그날의 대기 상태나 주변의 광해에 따라 어느 별이 몇 등성인지 구분하기 어려울 때가 있는데, 그럴 때에 사다리꼴의 용머리가 도움이 된다.

용자리에는 또 하나 흥미로운 점이 있다. 이 별자리에서는 1월과 10월에 별똥별(유성, Meteor)이 비처럼 쏟아지는 유

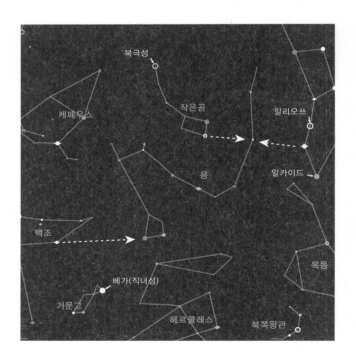

밤하늘에 쏟아지는 유성우

성우(Meteoric shower)를 볼 수 있다. 유성우는 지구가 공전하는 궤도상에 혜성(Comet)이 지나간 잔해가 남아 있을 때, 지구가 그곳을 지나가면서 일어나는 현상이다. 지구와 혜성의 공전궤도가 일정하므로 유성우는 해마다 같은 시기, 같은 위치에서 나타난다. 용자리는 크기가 크기 때문에 유성우를 볼 기회가 해마다 두 번 있다. 책의 말미에 유명한 유성우 목록을 실어두었다.

담긴 이야기

몸이 뒤틀린 모양인 용은 원래 크로노스를 섬기던 괴물이었다. 제우스의 아버지인 크로노스는 자식들이 자신을 밀어낼 것이라는 걸 알고 태어나자마자 모두 삼켜버렸다. 그러나 막내아들인 제우스는 살아남아 형제들을 구출하게 된다. 제우스는 살아남은 형제들과 힘을 합쳐 아버지 크로노스와 그를 섬기는 거대한 괴물들에 대항해 이집트 골짜기에서 10년 동안 싸웠다. 전쟁의 막바지에 여신 아테나와 괴물 용이 맞붙게 되었다. 이때 아테나에게 내던져진 용이 하늘의 회전축에 부딪혀 몸이 걸렸는데 그것이 풀리지 않고 휘말려 올라가 별자리가 되었다고 한다.

카시오페이아자리 Cassiopeia, Cas

어떤 별자리일까?

북극성을 중심으로 북두칠성의 반대 방향을 보면 'W' 모양의 별자리가 눈에 들어온다. 이 별자리가 바로 북극성을 찾을 때 자주 사용되는 카시오페이아자리다.

찾아가기

북두칠성과 마찬가지로 카시오페이아자리는 모두 3등성 이상의 밝은 별들로 이루어져 있다. 게다가 주변에 밝은 별

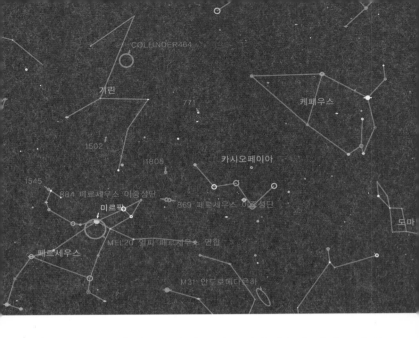

들도 적어 'W' 모양의 별 무리를 쉽게 찾을 수 있다. 또한 북극성을 중심으로 북두칠성과 카시오페이아자리가 서로 마주보고 있어 북두칠성을 시작으로 북극성을 지나가면 카시오페이아자리를 만나게 된다.

별자리 즐기기

이 별자리의 주인공인 카시오페이아 왕비는 왜 'W' 모양의 별자리가 되었을까? 'W'는 카시오페이아 왕비가 의자에 앉아 있는 모습이다. 끝 부분의 별부터 등, 가슴, 엉덩이, 무

륜, 발 순으로 그림을 그려보면 이해가 쉽다. 의자에 앉아 있는 여인을 'W'모양으로부터 그려낸 고대인들의 상상력이 놀랍기만 하다.

카시오페이아자리에는 1572년에 나타난 초신성(Supernova)이라는 의미를 가진 'SN1572'라는 별이 있다. 이 별이 처음 발견되었을 때에는 밝기가 매우 밝아 낮에도 볼 수 있었다고 한다. 지금은 밝은 빛을 볼 수 없지만 여전히 강한 전파를 내뿜고 있어 전파망원경으로는 그때의 잔해를 찾을 수 있다.

이제 주변으로 시선을 돌려보자. 만약 카시오페이아자리가 높이 떠있다면 'W' 모양 주변으로 케페우스자리, 안드로

일반적인 별보다 1만 배 이상의 빛을 내는 초신성

메다자리, 페르세우스자리를 볼 수 있다. 가을철 별자리에서 다루겠지만 카시오페이아, 케페우스, 안드로메다, 페르세우스는 신화 속에서 모두 가족이다. 밤하늘에 가족이 모여 있는 모습은 또 하나의 볼거리다.

담긴 이야기

카시오페이아는 에티오피아의 왕비였다. 그녀는 허영심이 많아서 항상 자신을 과시했고, 바다의 요정들은 이에 앙심을 품게 되었다. 요정들의 원성을 들은 바다의 신 포세이돈은 카시오페이아에게 하늘 위로 올라가 하루의 반을 의자에 앉은 채 거꾸로 매달려 있으라는 참혹한 형벌을 내렸다.

케페우스자리 Cepheus, Cep

어떤 별자리일까?

에티오피아 왕국의 왕도 왕비인 카시오페이아와 함께 별자리가 되어 북쪽 밤하늘을 밝게 비추고 있는데, 그 별자리가 바로 케페우스자리다. 부부인 카시오페이아와 케페우스는 일 년 내내 하루도 떨어져 있지 않아서 금실이 좋은 부부라고 말하기도 한다.

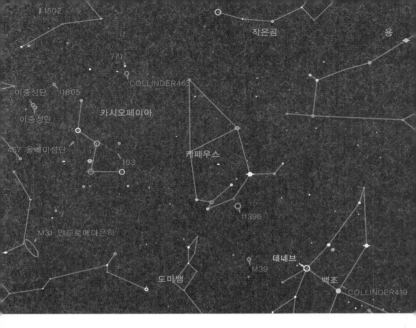

찾아가기

카시오페이아의 남편인 케페우스를 찾으려면, 우선 북쪽 하늘에서 카시오페이아자리를 찾아보자, 그런 다음 알파별과 베타별을 이어서 3배 정도 떨어진 지역을 찾는다. 그곳 근처에 오각형의 별자리인 케페우스자리가 있다.

별자리 즐기기

용자리와 카시오페이아자리 사이에 약간 비뚤어진 오각

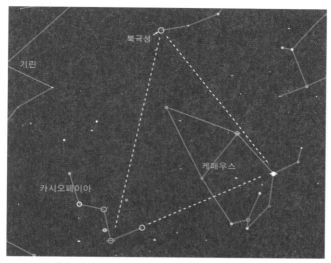

카시오페이아자리와 케페우스자리와 북극성이 이루는 삼각형

형의 별자리가 바로 안드로메다 공주의 아버지인 케페우스의 별자리다. 케페우스자리의 별들은 밝기 때문에 쉽게 찾을 수 있다.

케페우스자리의 델타(δ)별은 변광성(Variable star)이다. 이 별은 3.5등성에서 4.3등성으로 밝기가 변하는데, 그 주기가 약 5일로 매우 규칙적이다. 이 별은 대표적인 케페이드 변광성(Cepheid variable star)으로서, 변광주기(Period of variable star)와 광도(Luminosity) 사이에 일정한 규칙이 있다. 하버드 대학의 천문학 교수이자 천문학자였던 리비트(Leavitt, 1868~1921)

가 알아낸 이 규칙을 이용하면 별까지의 거리를 비교적 정확하게 알아낼 수 있다. 안드로메다 은하(Andromeda galaxy)까지의 거리도 이 규칙을 이용해서 알아낸 것이다.

담긴 이야기

페르세우스가 안드로메다를 구출하자 안드로메다의 아버지인 케페우스 왕은 연회를 열었는데, 안드로메다의 약혼자가 무리를 이끌고 연회장에서 난동을 부렸다. 페르세우스는 혼자서 이들을 상대할 수 없게 되자 마법자루 속에 있던 메두사의 머리를 꺼내면서 "내 편인 사람들은 모두 고개를 돌리시오!"라고 외쳤다. 그런데 케페우스 왕은 미처 그 말을 듣지 못해 메두사의 머리를 쳐다보았고 돌로 변해버렸다. 제우스는 이를 가엾게 여겨 케페우스를 별자리로 만들어주었다.

제2부

겨울철 별자리
Winter Constellations

밤하늘 시작하기

별들의 세계에서도 절정이 있다. 바로 겨울이다. 한 해를 마무리하는 12월과 새해를 시작하는 1~2월에는 많은 이들이 성탄절과 설날의 설레는 분위기 속에서 지낸다. 여기에 밤하늘 별들의 축제까지 즐겨본다면 더욱 즐거운 시간을 보낼 수 있지 않을까?

별자리를 관측할 때만큼은 봄이 아닌 겨울이 시작의 의미가 크다. 쉽게 찾을 수 있는 별자리가 많고, 유명한 성운들도 여럿 있다. 또한 추운 날씨로 인해 대기가 안정되어 맑은 날이 많기 때문이다.

그래서 처음 밤하늘을 관측하려는 이들에게 겨울은 더없

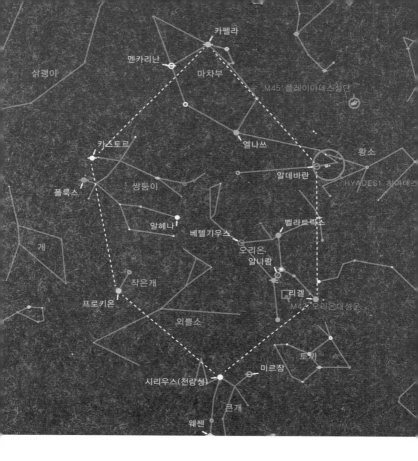

이 좋은 계절이다. 겨울철 별자리를 봄철보다 먼저 소개하는
것은 이러한 이유 때문이다.

　겨울철 밤하늘은 1등성이 많아서 굉장히 화려하다. 그래
서 처음 그 속에서 별자리를 찾으려 하면 오히려 별이 너무
많아 어려울 수도 있다. 하지만 겨울철 밤하늘의 길잡이가

되는 '겨울의 다이아몬드'를 찾아낸다면 다른 별자리들을 쉽게 찾을 수 있다. 주요 별자리들이 다이아몬드를 중심으로 늘어져 있기 때문이다. 다이아몬드를 이루는 별들은 모두 이 별자리들의 알파별이기도 하다.

사람들이 가장 많이 알고 있는 겨울철 별자리는 바로 오리온자리다. 오리온자리는 1등성 두 개와 2등성 두 개가 커다란 직사각형을 이루고, 그 안에 2등성 세 개가 일렬로 늘어선 멋진 모습을 하고 있다. 일렬로 늘어선 세 개의 별을 흔히 '삼태성(三台星)'이라고 부른다. 하지만 이는 잘못된 표현이며 '삼 형제 별'이라고 부르는 것이 옳다. 이에 대해서는 오리온자리에서 다루겠다.

오리온자리에서 직사각형의 오른쪽 아래 꼭짓점을 이루는 푸른색 별은 리겔(Rigel)이다. 리겔에서부터 다이아몬드를 그려보자. 오리온자리의 삼 형제 별을 리겔의 반대편 대각선으로 연장하면 엄청나게 밝은 별이 하나 보이는데 이것이 바로 모든 별 중에서 가장 밝게 빛나는 큰개자리의 시리우스(Sirius)다.

이제 시리우스의 조금 위쪽을 살펴보자. 시리우스만큼은 아니지만 충분히 눈에 띌 만큼 밝은 별이 하나 있다. 이 별자리가 바로 작은개자리의 프로키온(Procyon)이다. 작은개자리는 두 개의 별로만 이루어진 외로운 별자리이다.

프로키온보다 더 위쪽으로 올라가면 두 개의 별이 형제처럼 나란히 빛나는 쌍둥이자리의 폴룩스(Pollux)와 카스토르(Castor)가 보인다. 아래쪽의 좀 더 밝은 별이 동생 폴룩스다. 형보다 동생이 더 밝은 이유는 오랜 시간이 지나 별이 진화하여 밝기가 변했기 때문이다. 원래는 형인 카스토르가 더 밝았다. 폴룩스를 거쳐 더 위쪽으로 올라가 천정 부근에 다다르면 유난히 밝은 별이 하나 보이는데 바로 마차부자리의 카펠라(Capella)다.

이제 다이아몬드의 여섯 개 별 중 다섯 개를 찾은 셈이다. 마지막 하나는 오리온자리의 오른쪽 상단에 있다. 카펠라와 리겔 사이를 훑어보면 붉은색의 아주 밝은 별이 보인다. 바로 황소자리의 알데바란(Aldebaran)이다. 투우에서 등장하는 붉은색의 천 때문인지 몰라도 황소자리와 붉은색의 알데바란은 무척 잘 어울린다.

리겔, 시리우스, 프로키온, 폴룩스, 카펠라, 알데바란의 여섯 별로 이루어진 육각형이 바로 '겨울의 다이아몬드'다. 겨울철 밝은 별들은 대부분 이 다이아몬드에 모여 있으며, 오리온 대성운(M42)과 플레이아데스 성단(M45), 히아데스 성단 같은 화려한 볼거리도 많다.

세상에서 제일 크고, 세상에 하나밖에 없는 다이아몬드지만 세상의 모든 사람이 가질 수 있는 다이아몬드가 바로 '겨

울의 다이아몬드'다. "널 위해 준비했어"라는 말로 사랑하는
사람에게 선물해보는 건 어떨까?

오리온자리 Orion, Ori

어떤 별자리일까?

오리온자리만큼 웅장하고 유명한 별자리가 또 있을까? 오리온자리는 그 자체로 보석 같이 빛나는 아름다운 별자리지만, 그 속에 또 다른 보석들이 숨어 있다. 바로 오리온 대성운과 말머리 성운(NGC2024, IC434)이다. 겨울 밤하늘의 상징인 오리온자리에 대해 알아보자.

찾아가기

오리온자리는 밝은 별들로 이루어져 있으며 별자리도 크다. 그렇기 때문에 오리온자리는 처음 별자리를 관측하는 초보자들도 쉽게 찾을 수 있으며, 다른 별자리들을 찾기 위한 겨울철 밤하늘의 길잡이가 된다.

별자리 즐기기

오리온자리는 뚜렷한 모습만으로도 충분히 감동적이다.

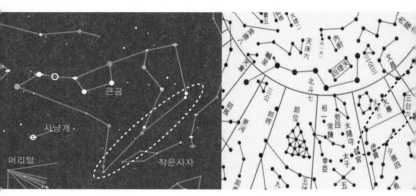

현재와 「천상열차분야지도」에서 본 큰곰자리의 삼태육성 비교

그 웅장함은 말할 필요도 없으며 아름답고 선명한 모양 역시 보는 이를 단숨에 매료시킨다. 때문에 가장 좋아하는 별자리로 오리온자리를 꼽는 사람도 많다.

오리온의 허리띠를 이루는 세 개의 밝고 예쁜 2등성인 델타별 민타카(Mintaka), 엡실론(ε)별 알니람(Alnilam), 제타(ζ)별 알니탁(Alnitak)을 삼태성(三台星)이라고 부른다. 그러나 이는 잘못된 표현이다. 삼태성은 큰곰자리에 있는 삼태육성을 지칭하는 말이며, 오리온자리의 허리에 있는 세 개의 별은 '삼형제 별'이라고 부르는 것이 옳다. 중국의 천문도를 베끼지 않고 우리나라에서 직접 제작한 「천상열차분야지도」에서도 삼태성은 큰곰자리의 별을 지칭하고 있다.

삼 형제 별의 아래를 보면 아주 작은 세 개의 별이 세로로 나란히 있는 것을 발견할 수 있는데, 이 또한 많은 사람들이 소삼태성(小三台星)이라고 부른다. 소삼태성 또한 삼태성과 마찬가지로 잘못된 표현이지만, 아직까지 대체할 만한 좋은 이름이 없는 실정이다.

세로로 늘어선 세 개의 별 중 가운데 것은 구름처럼 뿌옇게 보인다. 이것이 유명한 오리온 대성운이다. 오리온 대성운은 스스로 빛을 내는 발광성운(Emission Nebula)이다. 성운의 가운데 부근을 유심히 살펴보면 네 개의 별이 사다리꼴을 이루고 있는 것을 볼 수 있는데 이것을 트라페지움(Trapezium)이라고 부른다.

삼 형제 별의 맨 왼쪽에는 말머리 성운(NGC2024)이 있는데 그 모양이 말의 머리 같다고 해서 지어진 이름이다. 말머리 성운은 암흑 성운(Dark Nebula)으로서 스스로 빛을 내지 못하는 차가운 가스와 먼지들로 이루어져 있다. 이 가스들이 뒤쪽에 있는 발광 성운(IC434)의 빛을 흡수하거나 차단하여 어둡게 보이는 것이다. 참고로 이러한 차가운 가스와 먼지들이 발광성운의 빛이나 별빛을 흡수하거나 차단하지 않고 반사시킬 경우에는 반사 성운(Reflection Nebula)이라고 부른다.

성운은 별들의 요람이다. 사람이 흙에서 태어나 흙으로 돌아가듯, 별은 대부분 성운에서 태어나 성장하고, 진화의 마지막 단계를 거쳐 폭발하면 다시 새로운 성운을 만들어낸다.

망원경을 50~80배 확대하면 오리온 대성운의 멋진 모습을 관찰할 수 있다.

말머리 성운은 어둡고 크기도 작아 육안으로는 관측이 매우 어렵고
사진을 통해서만 볼 수 있다.

담긴 이야기

오리온은 바다의 신 포세이돈의 아들로서 키가 크고 힘이 센 사냥꾼이었다. 그는 달의 여신 아르테미스의 연인이었는데 그녀의 오빠인 태양의 신 아폴론은 이를 탐탁지 않게 여겼다.

결국 아폴론은 오리온을 없애기로 결심했고, 오리온에게 금색의 빛을 씌워놓고 아르테미스에게 활을 쏘게 하였다. 활 쏘기의 명수인 아르테미스는 이런 사실을 모른 채 활을 쏘았고, 화살은 오리온을 꿰뚫었다. 뒤늦게 이 사실을 안 아르테미스는 오열하며 오리온을 별자리로 만들었는데, 환한 달빛 속에서도 아름답게 빛날 수 있는 것은 이 때문이라고 한다.

황소자리 Taurus, Tau

어떤 별자리일까?

황소자리는 뿔을 연상시키는 'V' 모양의 별자리다. 바다의 거친 파도를 힘차게 헤엄쳐 나아가는 모습의 황소자리를 자세히 알아보자.

찾아가기

페르세우스 호(segment of Perseus, 페르세우스자리 참고)를 이용해 플레이아데스 성단(Pleiades cluster)을 찾아보자. 푸른빛의 플레이아데스 성단을 찾은 후 페르세우스 호에서 히아데스 성단의 거리만큼 더 내려가면 황소자리를 찾을 수 있다. 커다란 'V' 모양을 그리는 황소의 뿔을 찾았다면 뿔의 반대편에 있는 황소의 몸도 찾아보자.

별자리 즐기기

오리온자리의 오른쪽 위를 보면 붉은색의 알데바란이 보인다. 이 별이 황소자리의 알파별이다.

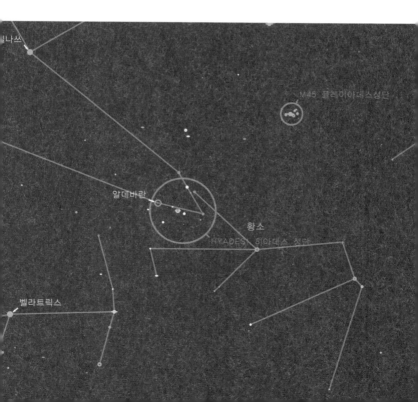

황소자리에는 알데바란을 중심으로 유명한 두 개의 산개성단이 존재한다. 히아데스 성단과 플레이아데스 성단이 바로 그 주인공이다. 이 두 성단은 날씨가 맑으면 도시에서도 육안으로 확인이 가능할 뿐만 아니라 매우 아름답기 때문에 꼭 찾아보기를 권한다.

먼저 오리온자리의 오른쪽 어깨인 벨라트릭스(Bellatrix)와 알데바란을 잇는 선을 연장해보면 암흑을 밝히는 푸른 빛깔의 보석들이 보인다. 바로 플레이아데스 성단이다. 눈으로 보는 것도 아름답지만, 쌍안경으로 본다면 그 찬란한 모습에 입을 다물지 못할 것이다. 크기가 꽤 큰 편이기 때문에 망원경보다 쌍안경으로 보는 것이 더 좋다. 갓 태어난 푸른 별들의 별빛이 가스에 반사되어 더욱 아름답게 빛난다. 눈으로는 여섯 개에서 일곱 개 정도의 별밖에 보이지 않지만 실제로는 500개가 넘는 별들이 모여 있는 비교적 큰 산개성단(open cluster)이다.

히아데스 성단은 알데바란 바로 옆에서 찾을 수 있지만 실제로는 알데바란과 멀리 떨어진 산개성단이다. 쌍안경으로 바라보면 플레이아데스 성단보다 별들이 더 많이 흩어져 있는 모습을 볼 수 있다.

성단에는 구상성단(globular cluster)과 산개성단이 있다. 구상성단은 수백만 개에서 수천만 개의 늙은 별들이 둥그런

공의 모양으로 모인 것을 말하며, 대부분 은하의 중심에 있다. 멀리 있고 늙은 별들로 이루어져 있기 때문에 겉보기 크기가 작고 밝기도 어두워 육안으로는 관측이 힘들다.

산개성단은 수백 개에서 수천 개의 젊은 별들이 특별한 모양 없이 불규칙하게 퍼져 있는 성단을 일컫는다. 이들은 은하의 바깥쪽에 위치하고 가까운 거리에 있으며 젊은 별들이라 매우 밝기 때문에 육안으로 볼 수 있는 것들이 많다. 히아데스 성단과 플레이아데스 성단은 모두 산개성단이다.

게성운과 초신성

황소자리에서 이 두 개의 성단 다음으로 주목할 만한 것이 바로 게성운(M1)이다. 게성운은 황소의 왼쪽 뿔 끝에 있다. 게성운은 게의 등딱지처럼 생겼다고 해서 이름이 붙여졌지만, 사진에서나 그렇게 보일 뿐 망원경을 통해서 보면 뭔가 뿌연 것만 느껴진다.

게성운은 초신성의 잔해로 잘 알려져 있다. 별은 산개성단에서 태어나 일련의 진화과정을 거친 뒤 마지막 단계에서 질량에 따라 각기 다른 모습으로 소멸한다. 작은 왜성으로 끝날 수도 있고 초신성 폭발을 하게 될 수도 있으며 블랙홀(black hole)이 될 수도 있다.

게성운은 인류가 최초로 관측한 초신성 폭발의 잔해라는

플레이아데스 성단

게성운은 인류가 최초로 관측한 초신성 폭발의 잔해지만,
현재는 소멸하여 잔해만 남아 있다.

점에 의미가 있다. 1054년, 중국의 기록에 따르면 폭발 당시의 밝기가 현재의 목성만큼이나 밝았다고 한다. 초신성이 폭발할 때에는 한 은하에 속한 모든 별들이 내뿜는 순간의 에너지와 비슷할 정도의 에너지가 분출된다고 하니 얼마나 대단한 폭발인지 짐작할 수 있다.

담긴 이야기

황소자리는 제우스의 바람기를 적나라하게 보여주는 별자리기도 하다. 제우스는 독수리, 백조 등의 모습으로 다양하게 변신하여 여인을 유혹했다. 황소 역시 에우로파 공주와 강의 신 이나코스의 딸 이오를 유혹하기 위해 제우스가 변신했던 모습이다.

어느 날, 페니키아 왕 아게노르의 딸인 에우로파 공주는 해변에서 놀고 있었다. 그런데 어디선가 아름다운 흰 소 한 마리가 다가왔고, 에우로파 공주는 호기심에 다가갔다. 그러자 소는 순식간에 에우로파 공주를 낚아채어 크레타 섬까지 헤엄쳐 사라졌다.

또 하나는 강의 신 이나쿠스의 딸 이오에 관한 이야기다. 이오가 제우스의 사랑을 독차지하자 제우스의 본처인 헤라는 그녀를 시기했고, 결국 이오를 흰 소로 만들어버렸다. 이처럼 별자리 속에는 제우스 때문에 슬픈 운명을 겪게 되는 여인들의 이야기가 많이 있다.

마차부자리 Auriga, Aur

어떤 별자리일까?

황소자리의 왼쪽 뿔 위를 보자. 한쪽 다리가 불편한 사람이 염소를 안은 모습의 별자리가 있다. 황소의 오른쪽 뿔을 이루는 별 하나를 포함한 다섯 개의 별이 오각형을 이루고 있다. 이 오각형의 옆에 붙어 있는 세 개의 별이 마치 사람에게 안긴 염소처럼 보인다.

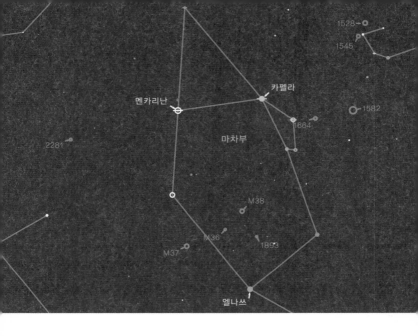

찾아가기

마차부자리는 황소자리의 한쪽 뿔과 연결되어 있다. 알데바란이 없는 뿔의 끝에서 시작하여 마차부자리의 오각형을 그려보자. 주변의 크고 밝은 별 네 개만 더 찾으면 된다. 밝은 오각형이 눈에 들어온다면 알파별인 카펠라 주변의 작은 삼각형도 찾아보자. 이 삼각형의 별 무리가 바로 마차부가 안고 있는 염소다.

별자리 즐기기

성도에서 황소의 오른쪽 뿔 끝의 별부터 하나의 커다란 오각형이 연결된 모습을 볼 수 있다. 이것이 마차부자리의 모습이다. 마차부자리의 알파별인 카펠라는 0.1등급의 밝은 별이다.

마차부자리의 엡실론별과 제타별은 모두 일정한 주기를 가진 변광성이며, 작은 별이 큰 별의 주위를 공전하면서 큰 별을 가리는 정도에 따라 밝기가 변하는 식변광성(eclipsing variable star)이다. 식변광성은 식쌍성 혹은 식연성이라고도 한다. 참고로 맥동변광성(pulsating star)은 스스로 밝기가 변하는 변광성인데 앞서 살펴본 케페우스 변광성이 대표적이다. 맥동변광성을 이용하여 별까지의 거리를 구할 수 있고 식변광성을 관측하여 별의 질량을 추정할 수 있기 때문에 이들은 천문학에서 매우 중요하다.

마차부자리도 메시에 목록(Messier Catalogue) 중 하나인 M36, M37, M38 등 볼거리가 많다. 이 산개성단들은 맨눈으로 보기 어려우며, 쌍안경이나 작은 망원경으로 바라보면 아름다운 모습을 볼 수 있다.

담긴 이야기

마차부자리의 주인공은 아테나의 아들이자 아테네의 수호신인 에릭토니우스다. 에릭토니우스는 후에 아테네의 왕이 되었다. 그는 한쪽 다리가 불편한 절름발이였지만, 한 나라의 왕으로서 정치를 잘하였고, 전쟁에서는 몸소 앞장서 싸우는 용맹함도 보였기에 사람들로부터 존경받았다. 그는 불편한 다리를 극복하기 위해 4륜 마차를 만들었고 제우스는 이를 기리기 위해 그를 별자리로 만들어주었다.

어릴 적 제우스는 아버지 크로노스의 눈을 피해 크레타 섬에 숨어 살면서 어린 염소의 젖을 먹고 자랐다. 후에 신들의 제왕이 되자 제우스는 고마움을 생각하여 어린 염소를 별자리로 만들어주었는데, 마차부가 안고 있는 작은 염소가 바로 그 염소라고 한다.

쌍둥이자리 Gemini, Gem

어떤 별자리일까?

형제간의 우애를 보여주는 쌍둥이자리는 매우 독특한 모
습의 별자리 중 하나다. 실제로 이 별자리는 두 명의 사람이
함께 있는 것처럼 보인다.

찾아가기

오리온자리의 오른쪽 밑에 있는 리겔과 왼쪽 어깨의 베텔
기우스를 연결하는 선을 그어보자. 오리온자리 위쪽으로 이

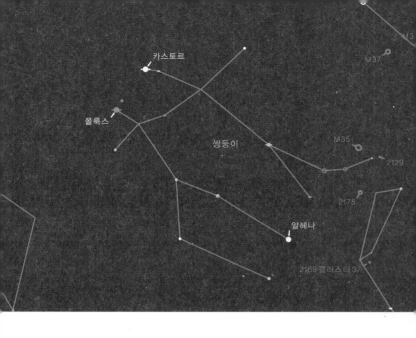

선을 계속 따라가면 2배 정도 떨어진 곳에서 쌍둥이자리의 카스토르와 폴룩스를 만나게 된다. 두 별이 쌍둥이의 머리가 되며 오리온자리 방향으로 다리를 뻗고 있다.

별자리 즐기기

신화에 따르면 카스토르가 형이고 폴룩스가 동생이지만, 현재 밝기는 카스토르와 폴룩스가 각각 1.6등급, 1.2등급으로 동생이 더 밝다. 오랜 시간이 지나면서 별의 밝기가 변한 것이다. 1603년 독일의 천문학자 요한 바이어가 알파(α)부터 오메가(ω)까지의 그리스문자를 이용하여 각 별자리 내 별들의 밝기 순서를 정할 때만 하더라도 형인 카스토르가 더 밝았었다. 당시에는 카스토르가 더 밝았기 때문에 알파별이 되었지만, 현재는 밝기가 변해 베타별보다 어둡다.

황도 12궁

쌍둥이자리는 황도(ecliptic plane, 黃道) 12궁(zodiac) 중 하나다. 황도 12궁이란 하늘에서 태양이 지나가는 길인 황도상에 위치한 12개의 별자리를 뜻한다. 예로부터 사람들은 자신이 태어난 날에 태양이 황도 12궁 중 어디에 머물렀는지를 기준으로 운명을 점치곤 했다. 오늘날에도 별자리에 따른 그날의 운세를 신문에서 쉽게 찾아 볼 수 있다. 그러나 흔히 알고 있는 사실과 달리 황도상의 별자리는 12개가 아니라 13개다. 뱀주인자리 또한 황도상에 위치하고 있으며, 매년 11월 29일에서 12월 17일 태양이 이 별자리 위를 지나간다. 이러한 사실 때문에 황도 12궁에 뱀주인자리를 포함시키고 명칭을 황도 13궁으로 바꿔야 한다고 주장하는 사람들도 있다.

'태양이 지나가는 길'이란 황도의 의미를 되새겨보면 더 많은 것을 알게 된다. 실제로 태양은 태양계 내에서 거의 고정되어 있지만 지구가 태양 주위를 공전하기 때문에 사실상

황도 12궁

페테르 파울 루벤스의 '레우키포스 딸들의 납치'

황도란 지구의 공전궤도인 셈이다. 태양계의 행성들도 대부분 지구와 비슷한 궤도면 상에서 공전하기 때문에, 행성들의 위치는 대부분 황도상에서 크게 벗어나지 않는다. 1781년에는 영국의 허셜(Herschel, 1738~1822)이 쌍둥이자리에서 천왕성을 발견하였고, 1930년에는 미국의 톰보(Tombaugh, 1906~1997)가 쌍둥이자리에서 명왕성을 발견하였다.

담긴 이야기

카스토르와 폴룩스 형제는 트로이 전쟁의 원인이 된 절세미녀 헬레네와 남매이자 제우스의 쌍둥이 아들이다. 쌍둥이 형제는 숙부 레우키포스의 딸들을 사랑하였지만, 그녀들은 이미 약혼자가 있는 몸이었다. 결국 쌍둥이 형제는 두 딸을 납치하여 아내로 받았으나 이에 격분한 두 명의 약혼자들과 싸울 수밖에 없었다. 결국 불사의 몸을 가진 동생 폴룩스를 제외한 세 명의 남자는 이 싸움에서 죽었고, 형을 잃은 폴룩스는 혼자 살 수 없다며 제우스에게 죽음을 간청하였다. 형제의 우애에 감동한 제우스는 이들을 반신으로 만들어 신의 나라인 올림포스와 지옥을 하루씩 번갈아 가며 같이 붙어 다닐 수 있도록 해주었고 밤하늘의 별자리로 올려주었다.

벨기에 플랑드르(Flandre)의 화가 페테르 파울 루벤스(Peter Paul Rubens, 1577~1640)는 '레우키포스 딸들의 납치'라는 제목의 그림을 남겼는데, 바로 이 쌍둥이 형제가 그 두 딸을 납치하는 모습을 그리고 있다.

작은개자리 Canis Minor, CMi

어떤 별자리일까?

고대 이집트에서는 시리우스가 뜨는 날을 계산하여 나일 강의 홍수를 예측하였다. 이 작은개자리의 프로키온은 큰개 자리의 시리우스보다 항상 먼저 떠오르기 때문에, 시리우스 가 뜨는 날을 예고하는 별이라고 생각했다.

찾아가기

작은개자리를 찾기는 매우 쉽다. 겨울 밤하늘에서 오리온

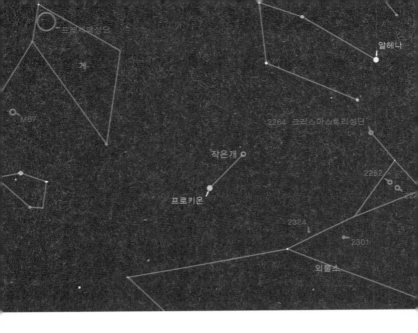

자리의 베텔기우스와 큰개자리의 시리우스, 그리고 작은개
자리의 프로키온을 삼각형으로 만들면 쉽게 찾을 수 있는데,
이 정삼각형이 바로 겨울철 대삼각형이다. 겨울철 대삼각형
은 앞서 소개한 겨울철 다이아몬드의 일부며, 이 별들은 다
른 별자리를 찾을 때에도 매우 중요하다.

0.4등성의 밝은 프로키온을 찾았다면 바로 옆에 붙어 있
는 3등성의 별도 볼 수 있다. 이 두 개의 별이 작은개자리다.
주변에 배경이 되는 별이 적어서인지 어두운 밤하늘에 작은
개자리만 덜렁 남겨놓은 듯하다.

별자리 즐기기

작은개자리는 밝기에 비해 너무 외로운 별자리다. 알파별 프로키온은 0.4등성의 흰색 별로 굉장히 밝지만 베타별 고메이사(Gomeisa)와 단둘이서만 별자리를 이루고 있다.

프로키온은 태양에서 11광년 떨어진 별인데, 우연히도 11번째로 가까운 별이다. 현재까지 축적된 사실에 근거하여 추정한 우주의 나이는 오차범위 2억 년 내에서 137억 년이므로 관측 가능한 우주의 크기는 274억 광년이다. 11광년은 빛의 속도로 11년을 달려가야 하는 어마어마한 거리지만 드넓은 우주 안에서는 비교적 가까운 곳이다.

프로키온은 실제로 태양보다 7배쯤 밝은 별이다. 현재 프로키온에 태양을 가져다 놓는다면, 태양은 2.6등성으로 보인다.

담긴 이야기

작은개자리도 큰개자리와 마찬가지로 오리온이 데리고 다니던 사냥개라고 추측된다.

큰개자리 Canis Major, CMa

어떤 별자리일까?

큰개자리는 밤하늘에서 가장 밝은 별인 시리우스가 있는
별자리다. 시리우스는 고대 이집트에서 나일 강이 범람하는
시기를 알려주는 중요한 별이었다. 가장 밝은 별을 가진 큰
개자리에 대해 알아보자.

찾아가기

오리온자리의 삼 형제 별이 만드는 직선을 따라 남쪽으로

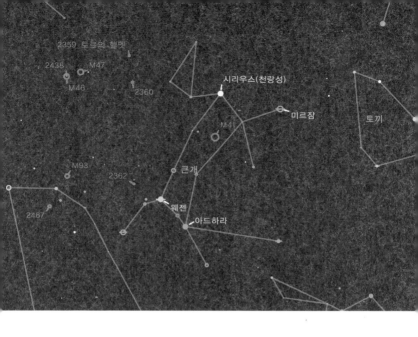

시선을 이동하면 약 20° 정도 떨어진 곳에 매우 밝은 별이 있다. 이 별이 바로 시리우스다. 시리우스가 큰개의 코 부분임을 생각하고 나머지 별을 찾는다면 큰개자리의 전체적인 모습을 쉽게 볼 수 있다. 시리우스는 베텔기우스, 프로키온과 함께 겨울의 대삼각형을 만들기 때문에 중요하다.

별자리 즐기기

큰개자리의 알파별 시리우스는 밤하늘의 모든 별 중에서 가장 밝은 별이라는 대단히 영예로운 꼬리표를 달고 다닌다.

시리우스의 밝기는 −1.5등성으로 1등성보다 10배 밝다.

시리우스의 고유운동

시리우스는 동반성(companion star)으로도 유명하다. 고유운동(proper motion)이란 지구 자전에 의한 별의 겉보기운동이 아닌, 별의 실제 운동을 뜻한다. 독일의 천문학자 베셀(Bessel, 1784~1846)은 말년에 시리우스의 고유운동을 조사하였다. 그 결과 시리우스의 움직임이 일반적인 별과 달리 쌍성의 움직임처럼 비틀거리는 것을 발견하였고, 눈에 보이지 않는 동반성이 있을 것이라고 예측하였다. 이후 시리우스는 태양과 비슷한 질량의 동반성을 가진 쌍성으로 밝혀졌다. 동반성은 태양과 비슷한 질량을 가졌지만 크기는 대단히 작아 엄청난 밀도를 가진 백색왜성이다. 예를 들면 몸무게가 50kg인 사람이 이 별에서는 5만 배나 무거운 250만kg가 된다.

우주의 시간과 크기는 인간을 아주 작은 존재로 만든다. 끝도 없을 것 같은 크기와 억겁의 시간은 우리에게 자연에 대한 경외감마저 불러일으킨다. 하지만 이런 자연을 작은 인간의 힘으로 이해하게 되었다는 것 역시 놀라운 일이 아닐까?

담긴 이야기

작은개자리와 마찬가지로 큰개자리는 뚜렷한 전설이 없지만, 오리온자리와 함께 있는 것으로 보아 오리온이 사냥할 때 데리고 다녔던 사냥개라고 생각된다.

제3부

봄철 별자리
Spring Constellations

밤하늘 시작하기

겨울철 별자리의 휘황찬란한 무대가 끝나고 나면, 아늑하고 평화로운 봄의 '전원일기'가 시작된다. 네 다리를 쭉 뻗고 한껏 코를 골며 자는 사자와 모내기하는 봄 처녀의 모습, 양 떼를 몰며 멀리서 처녀를 바라보는 목동의 짝사랑 이야기까지, 봄은 겨울보다 고요하지만 더 훈훈한 감동을 준다.

봄철 별자리들의 알파별인 목동자리의 아크투르스(Arcturus), 처녀자리의 스피카(Spica), 사자자리의 레굴루스(Regulus)는 모두 1등성의 밝은 별이지만 나머지 별들은 2~3등성 이하여서 도시에서는 이 세 별 이외의 다른 별들은 찾아보기 힘들다. 심지어 어두운 곳에서도 사자자리와 목동자리를 제외한 다른 별자리들은 쉽게 찾지 못한다. 때문에 봄철 별자리를 제대로 관측하기 위해서는 공기가 맑고 광해가 없는 시골로 가야 한다.

겨울철 밤하늘에는 겨울의 다이아몬드가 있듯이 봄철 밤하늘에도 '봄의 삼각형'과 '봄의 대곡선'이라는 길잡이 별들이 있는데, 둘 다 북두칠성에서 시작한다. 북두칠성의 국자 손잡이 부분에 있는 감마(γ)별과 델타별을 이어서 남쪽으로 연장하면 사자자리의 알파별인 레굴루스를 만난다. 레굴루스를 중심으로 커다란 사다리꼴이 하나 보이는데, 이것이 바로 사자의 몸이다. 다시 북두칠성으로 돌아가 손잡이 부분의 곡선을 남쪽으로 연장해보자. 연장선의 중간 오렌지색의 밝은 별이 하나 있고 연장선의 끝에 흰색의 밝은 별이 보인다. 오렌지색 별이 목동자리의 아크투르스, 흰색의 별이 처녀자리의 스피카다. 이 곡선을 바로 '봄의 대곡선'이라고 부른다. 그리고 사자의 꼬리 부분에는 사자자리의 베타별인 데네볼라(Denebola)가 있다. 아크투르스, 스피카 그리고 데네볼라가 이루는 삼각형이 바로 '봄의 대삼각형'이다.

봄철 밤하늘의 대략적 소개는 여기까지 하고 사자자리부터 살펴보도록 하자.

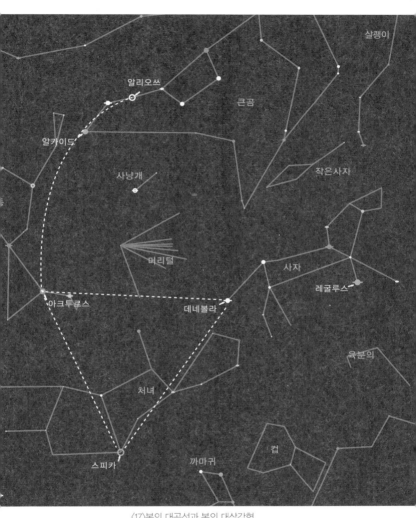

살팽이

알리오쓰

큰곰

알카이드

사냥개

작은사자

머리털

사자

레굴루스

아크투르스

데네볼라

육분의

처녀

컵

스피카

까마귀

〈17〉봄의 대곡선과 봄의 대삼각형

사자자리 Leo, Leo

어떤 별자리일까?

차가운 바람과 함께 겨울철 별자리들이 서쪽으로 물러나면 가장 먼저 사자자리가 다리를 쭉 뻗고 포효하며 동쪽 하늘에서 떠오른다. 사자자리는 레굴루스와 데네볼라 같은 밝은 별들이 있어 봄철 별자리 중에서 가장 찾기 쉽다. 포효하는 사자의 모습을 밤하늘에서 찾아보자.

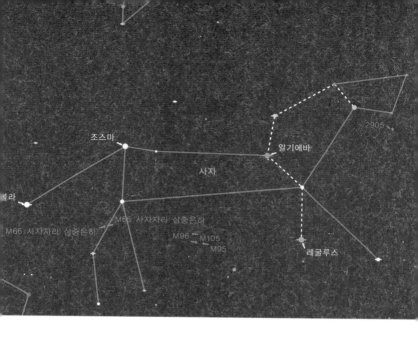

조스마

알기에바

2905

롤라

사자

M66 사자자리 삼중은하

M66 사자자리 삼중은하

M96 ~ M105

M95

레굴루스

찾아가기

사자자리는 봄철 별자리 중에서 가장 찾기 쉽다. 사자의
갈기 부위의 낫 모양만 기억한다면 관측 경험이 없는 사람
도 금방 찾을 수 있다. 우선 1등성인 레굴루스를 찾은 후 근
처의 밝은 별을 따라가며 낫 모양을 찾는다(그림의 흰색 점선).
낫 모양이 바로 사자의 머리가 된다. 낫 모양의 끝에 있는 레
굴루스와 꼬리에 있는 데네볼라를 기준으로 훑어보면 사자
의 모습을 쉽게 그릴 수 있을 것이다.

별자리 즐기기

'꼬리'를 뜻하는 데네볼라와 '어린 왕'을 뜻하는 레굴루스, 그리고 앞에서 찾은 낫 모양을 이어보면 엎드려 자고 있는 사자를 보게 된다.

사자자리는 매년 유성우가 내리는 별자리로 유명하다. 매년 11월 중순이면 데네볼라 근처의 복사점(radiation spot)에서 별똥별이 많이 떨어진다. 사자자리 유성우는 33년 주기로 모혜성 템펠　터틀 혜성이 지나갈 때마다 매우 많은 유성이 떨어져 역사상으로도 많은 기록이 남아 있다. 1998년 이 혜성이 지나가자 1999년과 2001년 시간당 최대 3,000개의 유성이 관측되었다(2000년에는 보름달로 인하여 지구상에서 관측이 힘들었다).

담긴 이야기

헤라클레스의 용맹함을 상징하는 사자는 달에서 날아온 별똥별에서 태어났다. 이 사자는 그리스의 네메아 골짜기에 떨어졌는데, 보통 사자보다 몸집도 훨씬 크고 성질도 포악한 무서운 존재였다. 사자는 밤낮을 가리지 않고 돌아다니며 가축은 물론 사람도 잡아먹었기에 네메아 사람들은 공포에 시

맨손으로 사자와 싸우는 헤라클레스

달려야 했다.

당시 헤라클레스는 계모인 여신 헤라의 미움을 받았고, 헤라의 술수로 12가지의 불가능한 일을 해야 했다. 그중 첫 번째 일이 바로 그 사자를 잡아오라는 것이었다. 용맹한 헤라클레스는 맨손으로 사자와 격투를 벌여 승리하였고, 이를 본 제우스는 아들의 영웅적 모습을 기리기 위해 사자를 다시 하늘로 올려 별자리로 만들었다.

게자리 Cancer, Cnc

어떤 별자리일까?

황도 12궁 중 하나인 게자리는 사자자리와 쌍둥이자리 사이에 있다. 게자리는 4등급 이하의 별들로 이루어져 있으며, 아름다운 프레세페 성단(Pracsepe Cluster)으로 유명하다.

찾아가기

사자의 머리 방향으로 조금 시선을 돌리면 희미한 게자리를 볼 수 있다. 게자리는 사자자리와 쌍둥이자리 사이에 있

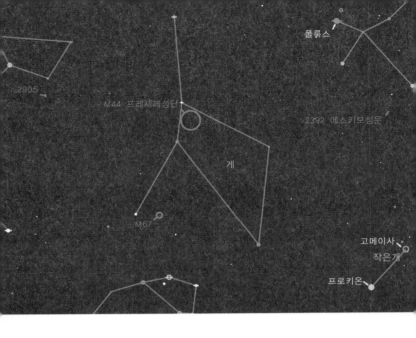

어서 늦겨울이나 이른 봄에 만날 수 있다.

별자리 즐기기

게자리의 가운데에는 희미한 프레세페 성단이 있다. 옛날 사람들은 이 성단을 죽은 사람들의 영혼이 올라가는 장소로 생각했다. 듣고 보니 게자리 근처의 뿌연 별 구름들이 정말 사람의 영혼처럼 느껴지기도 한다. 뚜렷하게 보이지 않아 찾기 어렵다면 게자리 근처를 보며 느낌만이라도 느껴보자.

담긴 이야기

게자리는 헤라클레스의 발에 밟혀 죽은 불쌍한 게의 별자리다. 헤라는 제우스의 외도로 태어난 헤라클레스를 미워하여, 그에게 12가지 어려운 문제를 해결하도록 했다. 그중 두 번째가 레르네의 괴물 히드라를 퇴치하는 것이었다. 이때 헤라는 히드라를 돕기 위해 게 한 마리를 보냈는데 이 게는 헤라클레스의 발가락을 물기는 했지만 결국 밟혀 죽고 말았다. 헤라는 이에 보답해 게를 하늘의 별자리가 되게 하였다.

처녀자리 Virgo, Vir

어떤 별자리일까?

화려한 별들이 밤하늘을 장식하던 겨울이 지나고 나면 밤
하늘은 왠지 허전하다. 하지만 이런 봄철 밤하늘에도 아름다
움은 숨어 있다. 바로 처녀자리다.

찾아가기

처녀자리를 찾으려면 봄의 대삼각형을 이루는 스피카
를 찾아야 한다. 그런 다음 스피카로부터 데네볼라 쪽으로

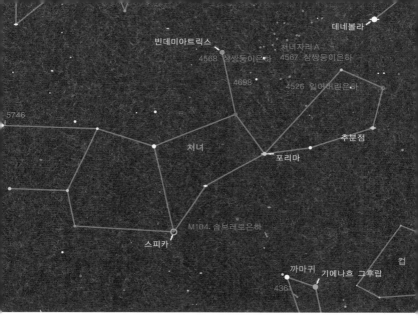

약 10° 정도 떨어진 곳에 처녀자리의 목에 해당하는 포리마
(Porrima)와 제타별이 있다. 이 별들로부터 마름모 모양으로
다시 10° 정도 떨어진 곳에 처녀자리의 손에 해당하는 입실
론(ε)별 빈데미아트릭스(Vindemiatrix)가 있다. 이 네 개의 별
이 처녀자리의 다이아몬드를 이룬다.

밤하늘 즐기기

처녀자리의 스피카를 찾았다면 이제 목동자리의 아크투
르스와 사자자리의 데네볼라를 찾아 봄의 대삼각형을 그려

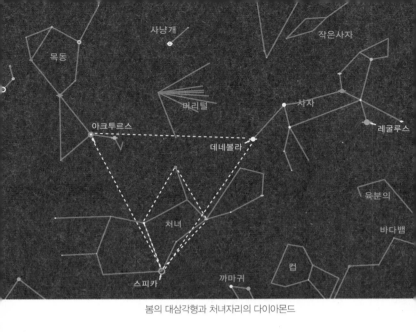

봄의 대삼각형과 처녀자리의 다이아몬드

보자. 봄의 대삼각형은 다른 별자리를 찾을 때 큰 도움이 되므로 눈에 익혀두는 것이 좋다.

처녀자리에서 스피카를 제외한 다른 별들은 눈에 잘 들어오지 않는다. 일단 별들이 어둡고 별자리 모양도 어려워 그리기 쉽지 않다. 처녀자리가 눈에 잘 들어오지 않는다면, 스피카와 처녀자리의 다이아몬드 모양만 찾아도 충분하다.

담긴 이야기

어느 날 저승의 신 하데스가 검은 말이 끄는 마차를 타고 지상에 올라왔다. 그는 우연히 대지의 여신 데메테르의 딸 페르세포네를 보았고, 페르세포네의 아름다운 모습에 반해 그녀를 납치해 저승으로 데려가 아내로 삼았다. 졸지에 딸을 잃은 데메테르는 슬픔에 잠겨 대지를 돌보지 않았고, 땅에 곡식이 나지 않자 제우스가 나서서 페르세포네를 지상으로 돌아오게 했다. 그러나 그녀는 이미 저승의 석류를 먹어 완전히 돌아올 수 없었기에 1년의 절반은 지상에서, 나머지 절반은 지하에서 살게 되었다.

페르세포네가 지상으로 올라올 땐 데메테르가 기뻐하여 땅 위의 얼음이 녹고 생명이 태어나며, 페르세포네가 땅 아래로 내려갈 땐 데메테르가 다시 슬픔에 잠겨 물은 얼고 생명이 죽어간다고 한다. 이것이 봄과 겨울이며, 처녀자리는 바로 페르세포네의 모습이다.

목동자리 Bootes, Boo

어떤 별자리일까?

목동자리에는 봄의 대삼각형을 이루는 별 중 하나인 아크투르스가 있다. 수수한 봄의 밤하늘에서 밝게 빛나는 금색의 아크투르스는 하나의 보석같이 느껴진다.

찾아가기

봄에 밤하늘을 올려다보면 가장 밝게 빛나는 금색의 별을 볼 수 있다. 이 별이 바로 아크투루스(Arcturus)로 봄의 대삼

각형을 이루는 별이다. 이 별의 위쪽에서 기다란 오각형 모양을 찾아보자. 이것이 바로 목동자리다. 목동자리는 마치 아이스크림콘처럼 생겼으며, 별들이 비교적 밝기 때문에 쉽게 찾을 수 있다. 이 오각형은 북두칠성의 손잡이 모양을 연장하여 봄의 대곡선을 그릴 때 사이에 걸쳐져 있다.

밤하늘 즐기기

벗꽃이 화려하게 만발하는 4월의 밤하늘은 고요하지만 나름대로 아름답다. 남쪽 하늘에서는 처녀자리와 목동자리, 사

자자리를 중심으로 봄의 대삼각형을 이루고, 목동자리 위에
는 북두칠성이 아름다움을 더한다. 눈부시게 밝은 아르크투
루스와 레굴루스는 동쪽과 서쪽에서 서로 마주 보며 빛난다.
자정을 넘기면 여름철 은하수(milky way)가 아름다움을 한껏
뽐내기도 한다.

목동자리 위에는 큰곰자리가 있는데, 마치 목동이 큰곰과
작은곰을 지키는 것처럼 서 있다. 그래서인지 아르크투루스는
그리스어로 '곰의 수호자'라는 뜻도 가지고 있다.

담긴 이야기

영롱한 오각형의 모습으로 하늘을 빛내는 목동자리의 주
인공은 쟁기를 발명한 아르카스다. 어떤 이는 큰곰자리를 향
해 무기를 올린 사냥꾼, 작은곰자리의 아르카스라고 말하기
도 한다.

아르카스는 부모님이 돌아가신 후 형에게 재산을 빼앗기
고 어렵게 살았다. 이 와중에 소가 이끄는 쟁기를 발명했고
농사일에 새로운 변화를 주었다. 이를 기특하게 여긴 제우스
는 그가 죽자 그를 쟁기와 함께 하늘의 별자리로 올렸다. 북
두칠성은 그의 쟁기라는 말도 있다.

제4부

여름철 별자리
Summer Constellations

밤하늘 시작하기

무더위와 스트레스를 피해 바다나 계곡 혹은 해외로 떠나는 여름은 가장 설레고 신나는 계절이다. 이런 계절에는 낭만적이고 뜨거운 사랑 이야기가 빠질 수 없는데, 그래서인지 여름철 밤하늘에는 애절한 사랑 이야기가 전해 내려온다. 바로 직녀와 견우의 사랑 이야기다.

천제의 딸인 직녀는 매일 베를 짜는 데에만 정성을 쏟고 다른 데에는 관심을 두지 않았다. 이것을 가엽게 여긴 천제는 강 건너편에 사는 견우에게 시집을 보냈고, 견우와 직녀는 서로 사랑에 빠졌다. 그러나 그 후로 직녀는 베를 전혀 짜지 않았고, 견우도 소를 치지 않았다. 화가 난 천제는 직녀

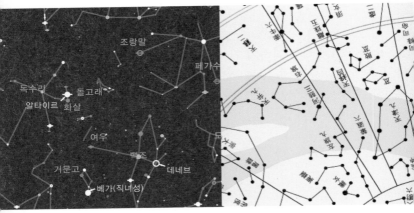

「천상열차분야지도」와 오늘날의 밤하늘 비교

를 다시 데려왔고 1년에 한 번, 음력 7월 7일에만 둘이 만나는 것을 허락했다. 하지만 그때마다 비가 내리고 강물이 불어 강을 건널 수 없게 되자 두 남녀는 은하수를 바라보며 발만 굴렀다. 이때 까마귀와 까치들이 날아와서 다리를 만들어 주었고, 견우와 직녀는 까마귀와 까치의 도움으로 서로 만날 수 있게 되었다. 매년 음력 7월 7일이면 지상에서는 까마귀와 까치를 볼 수 없으며, 훗날 보게 되는 까마귀와 까치는 머리가 벗겨져 있다고 한다.

여름 밤하늘의 천정을 보면 2개의 밝은 별이 보이는데 바로 독수리자리의 알파별 알타이르(Altair)와 거문고자리의 알파별 베가(Vega)다. 여름 하늘에서 가장 밝게 빛나는 이 두 별

여름철 대삼각형과 견우성 다비흐

을 많은 사람은 견우와 직녀라고 생각한다. 그러나 「천상열
차분야지도」에는 독수리자리의 알파별 알타이르가 아닌 그
아래 염소자리의 베타별 다비흐(Dabih)가 견우성이라고 표시
되어 있다. 그 외에 덕흥리 고분벽화와 조선시대 천문서적인
『천문유초(天文類抄)』에도 견우성은 다비흐라고 되어 있다.

그러나 천제의 손녀로 높은 신분이었던 직녀와 달리 견우
는 소를 모는 목동이었으므로 밝은 별은 어울리지 않는다.

동양에서 알타이르는 하고성(河鼓星)에 해당하며 은하수가 넘치는 것을 경고해주는 북(drum), 혹은 견우와 직녀의 만남을 감시하는 장군으로 본다. 실제로 직녀성, 하고성, 견우성을 연결하면 대략 직선상에 놓인다.

백조자리의 데네브(Deneb), 거문고자리의 베가와 독수리자리 알타이르는 '여름의 대삼각형'을 이룬다. 여기에서 시선을 오른쪽 아래로 돌리면 여름 밤하늘에서 제일 아름답다는 전갈자리(Scorpius, Sco)를 만날 수 있다.

백조자리 Cygnus, Cyg

어떤 별자리일까?

여름이면 은하수를 따라 우리 머리 위로 아름답게 날아오르는 한 마리의 새가 보인다. 여름철 밤하늘의 십자가라고 불리는 백조자리다. 백조자리는 고니자리라는 이름으로도 알려졌는데, 고니는 백조의 순우리말이다. 별빛이 부서지는 강물, 은하수를 누비는 새하얀 백조를 찾아보자.

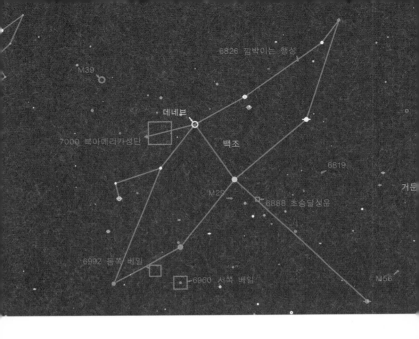

찾아가기

백조자리의 알파별인 데네브를 찾는 것으로 여름철 대삼 각형 그리기를 시작할 수 있다. 우선 은하수 위에 밝게 빛나 는 커다란 십자가를 찾아보자. 그것이 바로 백조자리다. 놓 인 방향과 크기를 기억한다면 멋스러운 날개를 펼치고 은하 수를 누비는 백조를 금방 찾을 수 있을 것이다.

데네브는 백조의 꼬리에 있는 1.3등급의 밝은 별이다. 어떤 별이 데네브인지 잘 모르겠으면 케페우스자리부터 먼저 찾 아보자. 백조자리는 케페우스자리 뒤에 따라오기 때문이다.

별자리 즐기기

백조의 부리에 해당하는 알비레오(Albireo)는 우리가 관측할 수 있는 이중성 중 가장 아름답다. 작은 망원경으로도 별이 두 개로 나뉘어 보이기 때문에 관측하기도 쉽고 금빛과 푸른빛을 내는 두 별의 색깔 또한 매우 다채롭다. 망원경이 있다면 보석처럼 아름다운 알비레오를 꼭 찾아보자. 알비레오는 처음에 겉보기 이중성이라고 알려졌으나 후에 아주 먼 거리를 두고 서로의 주위를 공전하는 물리적 이중성인 것으로 밝혀졌다.

백조자리의 베타별 알비레오와 감마별 사이에는 블랙홀이 있는데 눈으로는 볼 수 없다. 질량이 태양보다 3배 이상 큰 별이 수명을 다하면 초신성 폭발을 일으키는데, 그 후에 만들어지는 것이 바로 블랙홀이다. 블랙홀은 중력이 너무 강해서 주변의 가스와 별은 물론 빛까지 빨아들인다. 이 때문에 광학망원경으로는 블랙홀을 볼 수 없다.

그렇다면 눈에 보이지도 않는 블랙홀을 어떻게 찾아낸 것일까? 별이 블랙홀에 빨려 들어가기 전에 별의 가스가 먼저 빨려 들어가는데, 가스는 온도가 엄청나게 높고 강한 X선을 방출한다. 전파망원경으로 X선을 관측하면 이 부근에 블랙홀이 있음을 추측할 수 있게 되는 것이다. 특히 백조자리의

별의 가스를 빨아드리는 블랙홀의 개념도

Cygnus X-1은 처음 발견된 블랙홀로 유명하다. 우아한 백조 속에 검은 구멍이 숨어 있다는 사실은 예상 밖의 일이다.

담긴 이야기

황소자리를 설명할 때 제우스가 황소의 모습으로 변신하여 여인을 유혹했다고 설명했는데, 백조도 황소와 마찬가지로 제우스가 변신한 모습이다.

제우스는 스파르타의 왕비 레다를 유혹하려 했지만, 질투가 심한 헤라의 눈을 피하는 것이 관건이었다. 제우스는 아

프로디테를 독수리로, 자신은 백조로 변신하는 계책을 세웠고, 일부러 레다 앞에서 독수리에게 쫓기는 척했다. 그 모습을 본 레다는 이를 불쌍하게 생각하여 백조를 불렀다. 이에 백조는 레다의 가슴으로 뛰어들었는데, 이때의 모습이 백조자리가 되었다.

거문고자리 Lyra, Lyr

어떤 별자리일까?

거문고자리는 직녀성 베가가 있는 별자리다. 서양에서는 거문고자리를 하프자리라고 부른다. 그러나 실제 별자리의 모습은 하프나 거문고보다 물고기의 모습에 가깝다.

찾아가기

베가는 여름철 대삼각형을 이루는 세 개의 별 중 하나다. 특히 베가는 여름철 대삼각형에서 90 인 부분의 꼭짓점에

있다. 베가와 함께 여름철 대삼각형을 찾았다면, 삼각형 안쪽에서 작은 마름모꼴을 만드는 별 무리를 찾아보자. 이 물고기 모양의 마름모꼴이 바로 거문고자리의 모습이다. 그러나 베가를 제외한 나머지 별들은 3~4등성으로 어둡기 때문에 찾기가 쉬운 편은 아니다. 요령은 백조자리의 알비레오 옆에 거문고자리가 있다는 점을 떠올리는 것이다.

별자리 즐기기

거문고자리에는 맨눈으로는 볼 수 없는 반지 모양의 고리

고리 성운

성운 (M57)이 있다. 이 성운은 수명을 다한 별이 폭발하면서
가스나 먼지 등의 잔해들이 원형으로 퍼져 나가 생긴 천체
다. 이러한 천체를 천문학에서는 행성상 성운(planetary nebula)
이라고 부른다. 둥그런 모습 때문에 얼핏 보면 행성처럼 보
이기 때문이다. 망원경으로 보면 도넛 모양의 매우 희미한
가스처럼 보이고 색조차 느낄 수 없기 때문에 조금 실망스
러울 수 있다. 하지만 사진을 찍어보면 무지개 빛깔의 반지
두 개가 나란히 놓여 있다. 그래서 행성상 성운을 쌍가락지
성운이라고도 부른다. 은하수 옆에 놓인 무지개 빛깔의 반지
를 상상하며 거문고자리를 찾아보자.

담긴 이야기

별로 만들어진 하프는 오르페우스의 슬픈 연가를 연주한
다. 음악의 천재였던 오르페우스는 사랑하는 아내 에우리디
케와 행복하게 살고 있었다. 그러던 어느 날 에우리디케가
불행하게도 뱀에게 물려 죽자 오르페우스는 그녀를 찾기 위
해 지옥으로 향한다. 지옥 입구에 다다르자 지옥의 문지기가
오르페우스를 막았지만 그의 하프 소리를 들은 문지기는 지
옥문을 열어주었다.

그의 음악에 감동한 지옥의 신 하데스는 아내를 데려가는

오르페디우스와 에우리디케

대신 지옥문을 나갈 때까지 뒤를 돌아봐선 안 된다는 조건을 붙였다. 하지만 아내가 뒤따라오는지 궁금했던 오르페우스는 지옥문 앞에서 뒤를 돌아보게 되었다. 결국 아내는 다시 저승으로 끌려가고 오르페우스는 지옥에서 추방되었다. 절망에 빠진 그를 트라케의 처녀들이 유혹했지만 넘어가지 않았고 결국 앙심을 품은 처녀들은 그를 죽였다. 제우스는 이를 보고 그의 하프를 하늘로 올려 많은 이가 그의 음악을 기억하게 하였다.

독수리자리 Aquila, Aql

어떤 별자리일까?

독수리자리는 여름의 대삼각형을 이루는 또 하나의 1등성인 알타이르가 있는 곳이다. 날개를 펼친 독수리자리는 생김새가 백조자리와 비슷하지만 크기는 약간 작다. 은하수와 함께 여름 밤하늘을 아름답게 장식하는 독수리자리를 만나보자.

찾아가기

백조가 날아가는 방향으로 시선을 옮기다 보면 은하수 가

장자리에 별 세 개가 나란히 있는 것을 볼 수 있다. 별 세 개 가운데 가장 밝은 별이 알타이르다. 이 별을 지나서 계속 시선을 옮기면 백조자리와 비슷한 모양의 독수리자리가 나온다.

별자리 즐기기

불과 몇 년 전까지만 하더라도 알타이르가 견우성이라고 잘못 알고 있는 사람들이 많았다. 하지만 앞서 소개했듯이, 견우성은 염소자리의 베타별인 다비흐이다. 알타이르는 하고(河鼓)라고 불리는 북 또는 견우와 직녀를 감시하는 장군

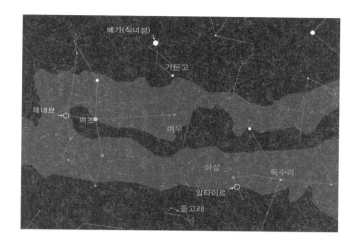

이다. 자세히 보면 알타이르를 중심으로 양쪽에 밝은 별이 2개 더 있는데, 이 세 별을 하고 3성이라 한다.

담긴 이야기

독수리자리의 독수리는 트로이의 왕자 가니메데를 납치하기 위해 제우스가 변신한 모습이다. 청춘의 여신 헤베는 신들을 위해 술을 따르는 일을 하고 있었는데 그만 발목이 삐어 일을 할 수 없게 되었다. 트로이의 왕자에 대해 아폴론에게 이야기를 들은 제우스는 호기심이 생겨 트로이에 방문하였다. 트로이의 왕자 가니메데의 아름다운 모습을 본 제우스는 독수리로 변해 그를 납치했고 그 후 가니메데는 여신 헤베의 일을 대신하게 되었다.

　이외에도 프로메테우스의 간을 쪼아 먹던 독수리를 제우스가 잡아 별자리로 만들었다는 이야기도 있다.

전갈자리 Scorpius, Sco

어떤 별자리일까?

겨울에 오리온자리가 있다면 여름에는 전갈자리가 있다. 황도 12궁 중 하나인 전갈자리는 오리온자리와 더불어 많은 사람에게 가장 사랑받는 별자리다.

찾아가기

전갈자리는 여름철에 가장 쉽게 찾을 수 있는 별자리다. 여름철 남쪽 지평선 근처에 'T' 모양의 별들과 중앙의 붉은

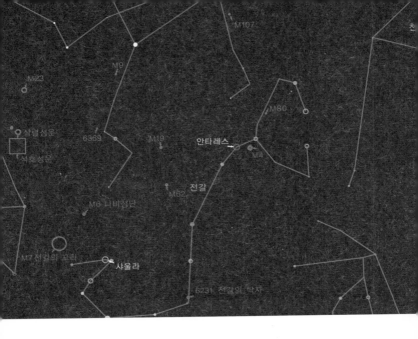

1등성 안타레스(Antares)를 찾으면 된다. 날씨가 맑은 여름날 밤하늘에 뿌연 은하수와 강렬한 전갈자리를 본다면 결코 잊지 못할 것이다.

별자리 즐기기

전갈자리의 중심에 있는 알파별 안타레스는 짙은 붉은색이어서 '악마의 별'로 불린다. 안타레스는 '맞서다'라는 뜻의 안티(Anti)와 '화성'을 뜻하는 아레스(Ares)의 합성어로, 화성과 맞설 만큼 붉고 위협적이라는 뜻이다. 안타레스 근처에는 구상성단인 M4가 매우 가까이 있어 천체 사진가들의 주된 촬영대상이기도 하다.

전갈자리는 은하수 중심 부근에 위치하기 때문에 많은 성운 성단들이 밀집해 있다. 전갈의 꼬리별 북쪽으로 맨눈으로도 확인할 수 있는 커다란 산개성단 M7과 M7의 북쪽으로 약간 더 작지만 망원경 파인더로 확인할 수 있는 산개성단 M6도 찾아보자.

담긴 이야기

오리온은 달의 여신 아르테미스와 함께 사냥을 하다가 "나는 이 지상의 모든 짐승을 죽일 수 있다"라고 자랑하였

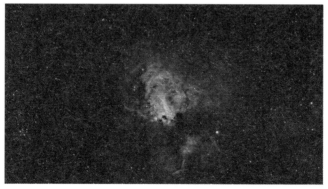

산개성단. 사진은 오메가 성운(omega nebula)이다.

다. 이 말을 들은 혜라는 분노하여 거대한 전갈을 오리온에게 보냈고, 전갈은 독이 있는 꼬리로 오리온을 찔러 죽였다. 이후 오리온을 죽인 전갈은 그 공으로 전갈자리가 되었다.

오리온도 별자리가 되었으나, 별이 된 후에도 전갈을 무서워했다. 여름철 밤하늘에 전갈자리가 떠오르면 오리온자리가 가라앉는 것도 그 때문이라고 한다.

궁수자리 Sagittarius, Sgr

어떤 별자리일까?

황도 12궁의 하나인 궁수자리는 우리 은하의 중심에 있어 많은 성운과 성단이 있다. 여름 밤하늘에서 은하수의 가장 짙은 부분을 찾으면 그곳이 궁수자리일 것이다.

찾아가기

우선 전갈자리를 먼저 찾자. 그런 다음 동쪽(북반구에서 봤을 때 왼쪽)을 찾아보면 주전자 모양의 별자리를 볼 수 있다.

궁수자리 별자리 지도

(이미지 내 별자리 표기: M17 오메가성운, M18, M25, M24 궁수자리 별무리, M23, M21, 6559, M20 삼렬성운, M75, M22, M28, 6530, M8 석호성운, M54, M55, M70, M69, M6 나비성단, 궁수, 카우스 오스트랄리스, M7 전갈의 꼬리, 남쪽왕관)

별자리 즐기기

궁수자리에서 국자 모양 같이 늘어선 제타별, 타우(τ)별, 시그마(σ)별, 파이(φ)별, 람다(λ)별, 뮤(μ)별 등 6개의 별이 있는데, 중국에서는 6개의 별을 남두육성(南斗六星)이라 부른다.

주전자의 뚜껑 격인 람다별 근처에는 특히 많은 볼거리가 있다. M8 석호성운, M20 삼렬성운, NGC 6559의 세 성운은 궁수자리의 세쌍둥이(triplet)로 불린다. M8은 맨눈으로도 희미하게 볼 수 있으며, 쌍안경이나 작은 망원경으로 보면 내부에 NGC 6530이라는 산개성단을 관측할 수 있다.

NGC 6530은 M8의 가스를 모체로 새로운 별이 태어나는 곳이다. M20은 뒤에 있는 발광성운을 암흑 가스 구름이 셋으로 가르고 있어 삼렬성운으로 통하나, 작은 망원경으로는 이 모습을 보기는 어렵다. M17은 오메가 성운, 백조 성운 또는 말굽 성운으로도 알려졌으며, 방패자리와의 경계 부근에 있다. 쌍안경이나 작은 망원경으로 보면 혜성의 꼬리처럼 길고 뿌옇게 보인다.

최근, 복합 라디오 전파원인 궁수자리A*(Sagittarius A-star)가 우리 은하 중심에 있는 블랙홀임이 증명되었다. 먼 우주에서 봤을 때 이 블랙홀을 중심으로 2,000억~4,000억 개의 별들이 회전하는 것이 바로 우리 은하의 모습이다. 하나의 은하에는 수천억~수조 개의 별이 있고 우주에는 이런 은하들이 약 1,000억 개 존재한다고 한다. 우리로서는 상상하기조차 어려운 숫자다.

담긴 이야기

궁수자리는 그리스 신화에 나오는 반인반마(半人半馬)인 켄타우로스의 현인 케이론을 상징한다. 케이론은 영웅 이아손과 헤라클레스의 스승이기도 했다.

헤라클레스가 12가지의 불가능한 일을 해결하고 폴로스

라는 켄타우로스와 함께 술을 마시던 중 다른 켄타우로스족
이 덤벼들었고, 헤라클레스는 히드라의 독을 칠한 화살로 그
들을 물리쳤다.

켄타우로스족은 그들을 쫓아오는 헤라클레스를 피해 케
이론의 동굴로 숨어들었고, 헤라클레스는 동굴 안을 향해 화
살을 쏘았다. 그런데 화살은 케이론의 무릎에 맞았고, 불로
불사의 몸을 가진 케이론은 죽지도 못하고 고통 속에 살아
야 했다. 고통을 참을 수 없던 케이론은 불사의 몸을 프로메
테우스에게 주고 결국 죽게 되었다.

제우스는 많은 영웅의 스승이었던 케이론을 하늘로 올려
궁수자리로 만들었다.

제5부

가을철 별자리
Autumn Constellations

밤하늘 시작하기

은빛 물결이 흘러 서쪽 지평선 너머로 사라질 때면, 동쪽에선 하늘을 달리는 천마 페가수스와 영웅 페르세우스, 안드로메다 공주가 그 모습을 드러낸다. 사계절 별자리인 케페우스와 카시오페이아까지 가을철 별자리들은 모두 한 가족의 이야기들이다.

그러나 가을철 밤하늘의 별들은 화려한 등장인물들에 비하면 대부분 초라하다. 지평선 부근에 있어 거의 볼 수가 없는 남쪽 물고기자리(Piscis Austrinus, PsA)의 알파별인 포말하우트(Fomalhaut)를 제외하면 1등성이 하나도 없기 때문이다.

그렇기 때문에 가을철 별자리를 찾는 길잡이 역할은 네

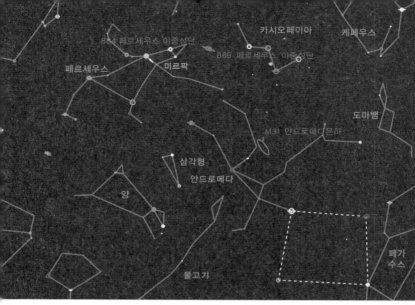

가을철 대사각형(흰색 점선)과 주변 별자리

개의 2등성들이 맡는다. 페가수스자리의 알파별인 마르카브(Markab), 베타별인 시트(Scheat), 감마별인 알게니브(Algenib)와 인접한 안드로메다자리의 알파별 알페라츠(Alpheratz) 네 개의 별은 '페가수스 사각형' 혹은 '가을철 대사각형'이라고 한다. 이것은 안드로메다 공주를 태우고 하늘을 달리는 페가수스의 몸에 해당하는 별들이다.

가을철 대사각형은 2등성이라 한눈에 보이지는 않지만, 주위에 1등성들이 없기 때문에 천정부근을 조금만 주의 깊게 찾아보면 발견할 수 있다. 가을에 남쪽을 바라보고 서서 대사각형을 찾은 후 오른쪽(서쪽)과 왼쪽(동쪽)을 보자. 오른쪽으로 뻗은 두 변이 페가수스의 다리고, 왼쪽으로 나뭇가지처럼 뻗은 것이 안드로메다자리다. 별들이 밝지 않기 때문에 자세한 모양을 그리기란 쉽지 않다. 안드로메다자리 넘어 왼쪽을 보면, 옆으로 누워 있으며 조금 찌그러진 'ㅅ'자 모양의 페르세우스자리가 뒤따라온다.

안드로메다자리에는 유명한 안드로메다 은하(Andromeda galaxy)가 있고 페르세우스자리에는 페르세우스 이중성단이 있다. 많은 사람이 은하는 맨눈으로 볼 수 없고 망원경으로 봐야 선명하고 화려하게 보일 것이라고 생각한다. 하지만 안드로메다 은하는 4등성 정도이기 때문에 날씨가 좋으면 맨눈으로도 충분히 볼 수 있다. 하지만 세상에서 제일 좋은 망

선명한 안드로메다 은하의 사진은 오랜 노출로 흐린 빛을 모아서 찍는다.

원경으로 본다고 하더라도 사진상의 안드로메다 은하처럼 화려한 모습을 볼 수는 없다.

페르세우스 이중성단은 앞서 소개한 플레이아데스 성단만큼이나 모습이 아름답다. 페르세우스 이중성단이나 플레이아데스 성단 같은 산개성단은 구상성단이나 은하와 달리 작은 망원경이나 쌍안경으로 봤을 때에도 아름다운 모습을 관찰할 수 있기 때문에 처음 관측을 하는 사람들은 감탄하기 마련이다. 페르세우스 이중성단은 둥글기 때문에 얼핏 보면 구상성단 같지만 실제로는 규모가 큰 산개성단에 속한다.

페가수스자리 Pegasus, Peg

어떤 별자리일까?

페가수스자리는 가을밤을 대표하는 별자리다. 또한 거대한 사각형 모양이 있어 각 방위와 춘분점을 찾기 위한 지표가 되기도 한다. 가을 밤하늘에서 아름다움을 뽐내는 천마 페가수스의 이야기를 들어보자.

찾아가기

가을 밤하늘을 올려다보면 2등성 4개가 커다란 사각형을

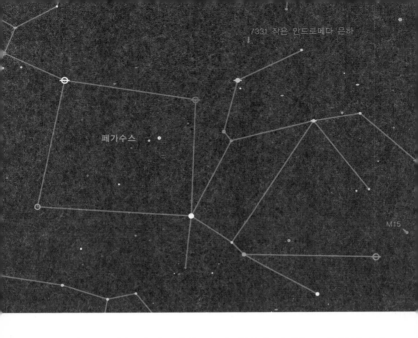

이루는 것을 볼 수 있다. 이 사각형이 페가수스의 몸통이자 가을철 대사각형이다. 사각형의 서쪽을 살펴보면 페가수스의 다리와 머리를 그려볼 수 있다.

담긴 이야기

페르세우스가 메두사를 처치한 후 메두사의 머리를 들고 바다 위를 날아갈 때 메두사의 피가 바다로 떨어졌다. 바다의 신 포세이돈은 괴물이 되기 전의 메두사를 좋아했었기에 이를 측은하게 여겨 이 피로 천마 페가수스를 만들었다.

당시 지상에는 키메라라는 괴물이 살았는데, 영웅 벨레로폰이 키메라를 처치할 때 여신 아테나가 페가수스를 보내 그를 돕게 하였다. 페가수스의 도움을 받은 벨레로폰은 키메라를 쉽게 처치할 수 있었다.

후에 자만심에 빠진 벨레로폰은 페가수스를 타고 신들이 사는 곳으로 가려고 했다. 이에 화가 난 제우스는 말파리를 보내 페가수스를 물게 하였고, 이에 놀란 페가수스가 몸을 흔들자 벨레로폰은 땅으로 추락하였다. 페가수스는 혼자 하늘로 올라가 별자리가 되었고, 벨레로폰은 절름발이에 장님이 되어 이곳저곳을 떠돌다가 비참한 최후를 맞았다.

천마 페가수스를 탄 벨레로폰

페르세우스자리 Perseus, Per

어떤 별자리일까?

페르세우스는 안드로메다의 남편이자 카시오페이아와 케페우스 부부의 사위다. 또한 페르세우스는 메두사를 죽인 용감한 영웅이기도 하다. 지금까지도 메두사의 머리를 들고 있어서 별자리 한편에 메두사의 눈이 매일 반짝이고 있다.

찾아가기

카시오페이아자리에서 플레이아데스 성단 쪽으로 선을

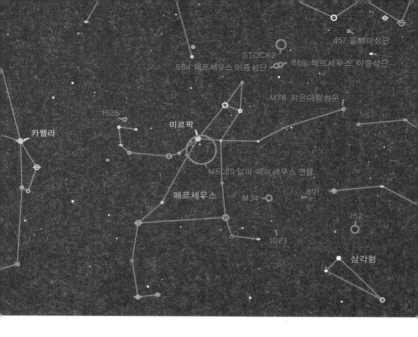

이어 내려오면 줄지어 늘어선 밝은 별들을 볼 수 있는데, 이
것을 페르세우스 호라고 한다. 이 중 가장 밝은 별이 페르세
우스자리의 알파별 미르팍(Mirphak)이다. 북반구에서 볼 때
페르세우스 호의 가운데에서 오른쪽에 있는 별이 바로 베타
별 알골(Algol)이다.

별자리 즐기기

　페르세우스자리의 볼거리는 바로 가을철 밤하늘에서 가
장 유명한 변광성 알골이다. 알골은 '악마의 빛'이라는 뜻으

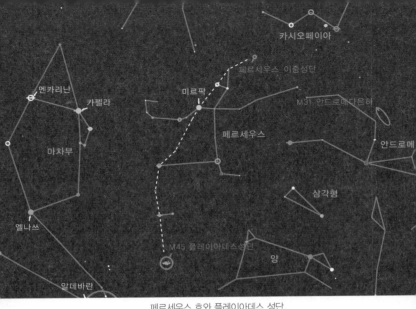

페르세우스 호와 플레이아데스 성단

로, 페르세우스가 물리친 메두사의 머리를 상징하는 별이다. 이 별을 며칠 동안 관찰해보면 감각이 좋은 사람들은 별의 밝기가 변하는 것을 느낄 수 있다. 실제로 알골은 약 3일을 주기로 2.2등성에서 3.5등성까지 밝기가 변하는 식변광성이다. 이처럼 밝기가 변하는 알골을 보고 있으면, 마치 메두사의 눈이 반짝거리는 것 같은 느낌이 든다.

담긴 이야기

아르고스의 왕 아크리시오스는 어느 날 자신이 외손자에

게 살해당할 것이라는 신탁을 받는다. 이에 그는 자신의 딸 다나에를 청동 탑에 가두지만, 황금 구름으로 변한 제우스가 탑에 들어가 황금비를 뿌렸고 비를 맞은 다나에는 페르세우스를 낳는다. 이 소식을 들은 아크리시오스 왕은 딸과 외손자를 궤짝에 넣어 바다로 던졌는데, 세리포스 섬의 어부인 딕티스가 궤짝을 발견하고 그들을 돌봐주게 된다.

페르세우스가 성장한 후 세리포스 섬의 왕 폴리데크테스는 다나에를 차지하고자 그에게 괴물 메두사의 머리를 가져오라고 한다. 페르세우스는 아테나 여신의 도움을 받아 메두사를 물리치고, 메두사의 머리를 이용해 바다 고래를 죽여 제물로 바쳐진 안드로메다 공주를 구하게 된다. 후에 페르세우스는 경기 중 던진 원반으로 우연히 한 노인을 죽이게 되는데, 알고 보니 그는 평민으로 가장한 아크리시오스 왕이었다.

페르세우스는 아크리시오스 왕의 뒤를 잇는 것을 거절하고 안드로메다와 함께 편안히 살았으며, 생전의 공적을 인정받아 아내와 함께 별자리가 되었다.

안드로메다자리 Andromeda, And

어떤 별자리일까?

여름밤의 화려한 별자리들이 지나간 가을 밤하늘은 수수
하다. 그 속에 빛나는 공주가 있으니, 바로 안드로메다 공주
다. 안드로메다의 무릎에는 유명한 안드로메다 은하가 있다.
맨눈으로도 보일 만큼 크고 밝은 은하이므로 기회가 된다면
꼭 찾아보길 권한다.

안드로메다자리와 가을의 대사각형

찾아가기

페가수스 사각형을 이루는 알페라츠가 연결고리다. 별자리끼리 서로 겹치는 경우는 드물지만 몇몇 별자리들은 이처럼 별을 공유하기도 한다. 알페라츠는 안드로메다의 머리에 해당하는 별로서 이 별로부터 페르세우스자리 쪽으로 소문자 'h' 모양의 별들을 찾아보자. 2등성의 별들이 안드로메다자리를 이루고 있다.

별자리 즐기기

안드로메다자리가 가을 밤하늘에서 빠질 수 없는 이유가
한 가지 있다. 바로 사람이 맨눈으로 볼 수 있는 가장 먼 천
체인 안드로메다 은하가 있기 때문이다. 아주 맑고 어두운
밤하늘에서 맨눈으로 볼 수 있는 안드로메다 은하는 우리가
지금껏 보았던 사진과는 달리 아주 희미하다. 그래서 많은
사람이 안드로메다 은하를 처음 보면 실망하기도 한다. 하지
만 그 빛이 250만 년 전에 출발한 것이라는 사실을 떠올려보
자. 또 250만 광년이나 떨어진 안드로메다 은하가 우리 은하

와 가장 가까운 은하라는 것을 생각해보자. 우주의 무한함과 신비로움이 피부에 와 닿을 것이다.

참고로 안드로메다 은하는 현재 우리 은하와 1시간에 50만km씩 가까워지고 있으며, 약 30억 년 후에는 충돌할 것으로 추정된다.

담긴 이야기

안드로메다는 에티오피아의 공주다. 어머니인 카시오페이아의 허영심으로 바다의 신 포세이돈의 명을 받은 고래에게 희생되려는 순간, 페르세우스가 공주를 구출하여 후에 그의 아내가 된다. 그리스 신화 중 가장 행복한 결말을 가진 이야기이며, 케페우스, 카시오페이아와 함께 유일하게 부부가 동시에 별자리가 된 낭만적인 이야기다.

월별 밤하늘

1월

(1월 16일 0시 관측 지역 : 서울)

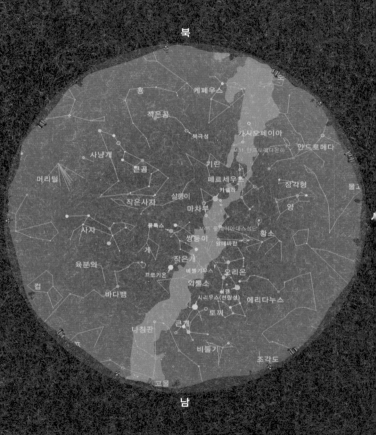

북

동

서

남

케페우스
용
작은곰
북극성
카시오페이아
M31 안드로메다은하
안드로메다
사냥개
큰곰
기린
페르세우스
삼각형
물그
머리털
살쾡이
카펠라
양
작은사자
마차부
레굴루스
쌍둥이
황소
사자
알데바란
오리온
개
작은개
육분의
프로키온
베텔기우스
화로
컵
바다뱀
시리우스(천랑성)
에리다누스
토끼
나침반
큰개
비둘기
초각도
고물

2월

(2월 16일 0시 관측 지역 : 서울)

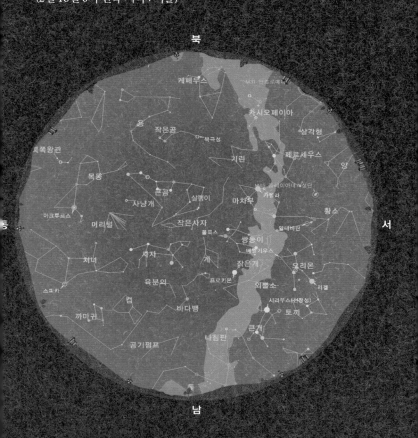

북

케페우스

M31 안드로메다

카시오페이아

삼각형

용   작은곰
    • 북극성

페르세우스

양

북쪽왕관

기린

목동

큰곰

살쾡이

마차부

M45 플레이아데스성단
카펠라

황소

아크투루스

사냥개

작은사자

서

머리털

알데바란

폴룩스

쌍둥이

베텔기우스

처녀

사자

게

작은개

오리온

육분의

프로키온

외뿔소

리겔

스피카

컵

바다뱀

시리우스(반짜성)

토끼

까마귀

큰개

공기펌프

나침반

남

3월

(3월 16일 0시 관측 지역 : 서울)

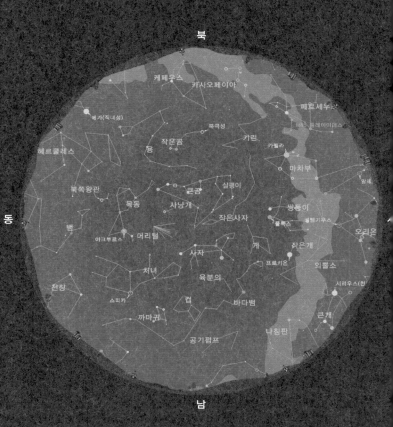

북

케페우스
카시오페이아
페르세우스
베가(직녀성)
북극성
키린
플레이아데스
용
작은곰
카펠라
헤르쿨레스
마차부
북쪽왕관
큰곰
살쾡이
쌍둥이
말메
목동
사냥개
폴룩스
벨헬기우스
뱀
작은사자
오리온
아크투루스
머리털
게
작은개
동
사자
프로키온
외뿔소
처녀
육분의
시리우스(천
천칭
스피카
컵
바다뱀
까마귀
나침판
큰개
공기펌프

남

4월

(4월 16일 0시 관측 지역 : 서울)

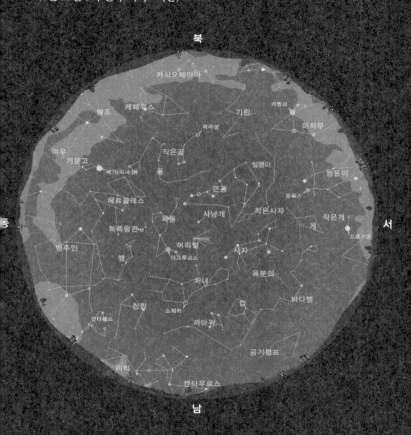

북

동

서

남

5월

(5월 16일 0시 관측 지역 : 서울)

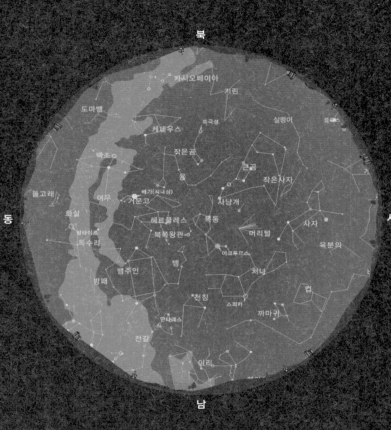

6월

(6월 16일 0시 관측 지역 : 서울)

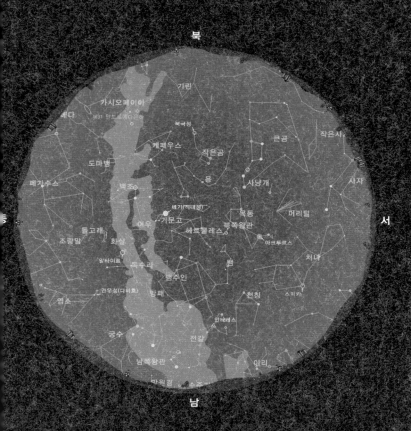

북

카시오페이아
세페우스
안드로메다은하
기린
M31
북극성
작은곰
큰곰
작은사자
도마뱀
용
사냥개
사자
페가수스
백조
베가(직녀성)
목동
머리털
돌고래
여우
거문고
헤르쿨레스
북쪽왕관
조랑말
화살
아크투루스
알타이르
독수리
뱀
처녀
견우성(다비호)
뱀주인
방패
천칭
스피카
염소
안타레스
궁수
전갈
남쪽왕관
이리
화워져
남
서

7월

(7월 16일 0시 관측 지역 : 서울)

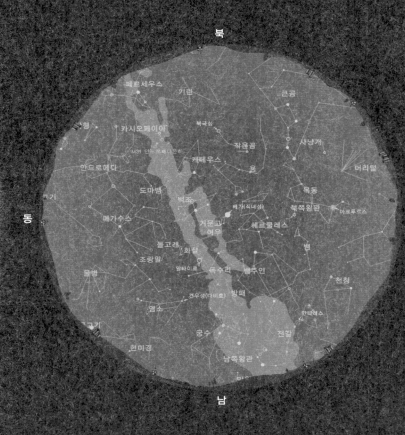

북

동

남

페르세우스
기린
큰곰
삼형
카시오페이아
북극성
작은곰
사냥개
M31 안드로메다은하
케페우스
용
머리털
안드로메다
목동
도마뱀
백조
북쪽왕관
아크투루스
베가(직녀성)
페가수스
거문고
헤르쿨레스
여우
작은여우
고래
화살
뱀
조랑말
땅꾼
물병
돌고래
독수리
양자리
천칭
견우성(다비호)
방패
염소
뱀주인
안타레스
자리
궁수
전갈
현미경
남쪽왕관

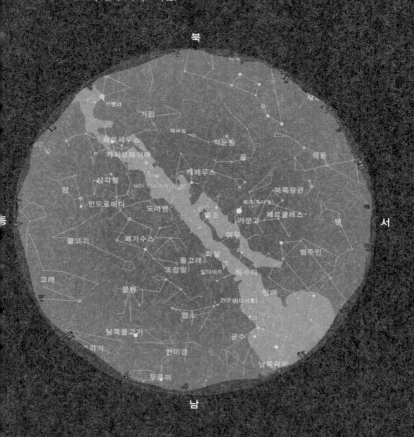

8월

(8월 16일 0시 관측 지역 : 서울)

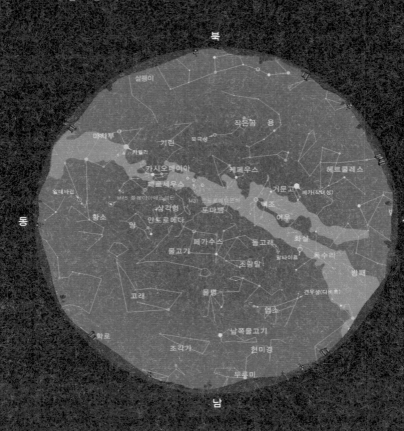

9월

(9월 16일 0시 관측 지역 : 서울)

북

살쾡이

작은곰 용

마차부 기린 북극성

카펠라 케페우스 헤르쿨레스

카시오페이아

페르세우스 거문고

일대바린 페가(직녀성)

M45 플레이아데스성단 M31 안드로메다은하 백조

동 삼각형 포마뱀 여우 서

황소 양 안도로메다 화살

페가수스 돌고래

물고기 조랑말 독수리

고래 물병 방패

화로 견우성(다비초)

염소

남쪽물고기

조각가 현미경

두루미

남

10월

(10월 16일 0시 관측 지역 : 서울)

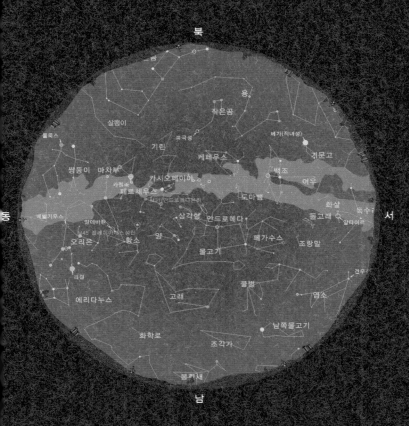

11월

(11월 16일 0시 관측 지역 : 서울)

12월

(12월 16일 0시 관측 지역 : 서울)

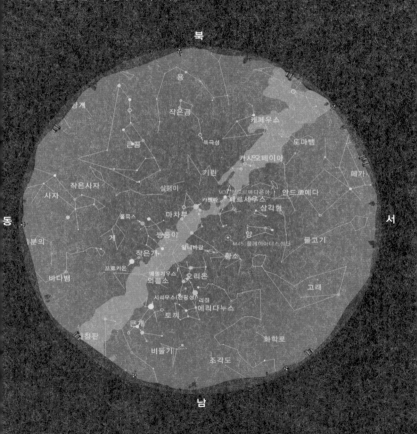

유명한 유성우 목록

　정점 시율(ZHR, Zenithal hourly rate)은 6.5등급까지 보이는
완벽한 밤하늘과 복사점이 천정에 있는 이상적인 조건에서
시간당 떨어지는 유성수를 말한다. 실제로 볼 수 있는 유성
의 개수는 ZHR 수치보다 적다. 장소에 따라 관측자가 볼 수
있는 유성의 개수가 다르므로, 유성우를 비교할 수 있는 절
대적인 기준이 된다.

유성우 이름	기간	극대일	ZHR	모혜성
남쪽왕관자리	3/14~3/18	3/16	5	
거문고자리	4/19~4/25	4/22	10~15	Thatcher1861
물병자리 에타	5/1~5/10	5/6	35~40	Halley
뱀주인자리	6/17~6/26	6/20	5	
바다염소자리	7/10~8/15	7/25	5	
물병자리 델타	7/15~8/15	7/29 8/7	20 10	
남쪽물고기자리	7/15~8/20	7/31	5	
바다염소자리 알파	7/15~8/25	8/2	5	Honda-Mrkos
물병자리 요타	7/15~8/25	8/6	8	
페르세우스자리	7/23~8/20	8/12	60~70	Swift-Tuttle
용자리 감마	10/7~10/10	10/9		
오리온자리	10/26~10/27	10/22	20~25	Halley
황소자리	10/20~11/30	11/5	10	Encke
사자자리	11/15~11/20	11/17	유동적	Temple-Tuttle
쌍둥이자리	12/7~12/15	12/13	60~75	소행성 Phaethon
작은곰자리	12/17~12/25	12/22	5	Tuttle?
용자리 요타 (사분의자리)	1/1~1/6	1/3	60~100	

밝은 별 목록

다음은 우리나라에서 계절별로 보이는 가장 밝은 별들의 목록을 정리했다. 관측할 때에 먼저 방위를 파악한 후 밝은 별을 중심으로 대략적인 윤곽을 파악하는 것이 순서다. 이때 이 표를 참고하면 도움이 될 것이다. 적위가 −30도 이하인 별은 우리나라에서 보기 어렵가 때문에 제외하였다.

밤하늘에서 가장 밝은 별 목록

영문명	한국명	별자리	문자	등급	계절
Sirius	시리우스 (천랑성)	큰개	α	−1.46	겨울
Arcturus	아크투르스	목동	α	−0.04	봄
Vega	베가 (직녀성)	거문고	α	0.03	여름
Capella	카펠라	마차부	α	0.08	겨울
Rigel	리겔	오리온	β	0.12	겨울
Procyon	프로키온	작은개	α	0.38	겨울
Betelgeuse	베텔기우스	오리온	α	0.4	겨울
Altair	알타이르	독수리	α	0.77	여름
Aldebaran	알데바란	황소	α	0.85	겨울
Antares	안타레스	전갈	α	0.96	여름

사계절에 보이는 밝은 별 목록

영문명	한국명	별자리	문자	등급
Alioth	알리오쓰	큰곰	ε	1.77
Dubhe	두브헤	큰곰	α	1.79
Polaris	북극성	작은곰	α	2.02
Kochab	코카브	작은곰	β	2.08
Shedir	쉐디르	카시오페이아	α	2.23
Mizar	미자르	큰곰	ζ	2.27
Caph	카프	카시오페이아	β	2.30
Merak	메라크	큰곰	β	2.37
Phad	파에트	큰곰	γ	2.40
Alderamin	알데라민	케페우스	α	2.44

봄철 밝은 별 목록

봄의 대삼각형은 아크투르스(목동자리), 스피카(처녀자리), 데네볼라(사자자리)다. 봄의 대곡선은 북두칠성에서 시작해 아크투르스(목동자리), 스피카(처녀자리)로 이어진다.

영문명	한국명	별자리	문자	등급
Arcturus	아크투르스	목동	α	−0.04
Spica	스피카	처녀	α	0.98
Regulus	레굴루스	사자	α	1.35
Alkaid	알카이드	큰곰	η	1.86
Denebola	데네볼라	사자	β	2.14
Alphekka	알페카	북쪽왕관	α	2.23
Izar	이자르	목동	ε	2.40
Gienah Ghurab	기에나흐 그후랍	까마귀	γ	2.60
Zubenelschemali	주벤에샤마리	천칭	β	2.60
Algieba	알기에바	사자	γ1	2.60

여름철 밝은 별 목록

여름의 대삼각형은 베가(거문고자리), 알타이르(독수리자리), 데네브(백조자리)가 만드는 직각 삼각형이다.

영문명	한국명	별자리	문자	등급
Vega	베가(직녀성)	거문고	α	0.03
Altair	알타이르	독수리	α	0.77
Antares	안타레스	전갈	α	0.96
Deneb	데네브	백조	α	1.25
Shaula	샤울라	전갈	λ	1.63
Nunki	눈키	궁수	σ	2.02
Rasalhague	라스알하게	뱀주인	α	2.08
Sadr	사드르	백조	γ	2.20
Etamin	엘타닌	용	γ	2.23
Dschubba	드슈바	전갈	δ	2.32

가을철 밝은 별 목록

가을의 대사각형은 마르카브, 쉬트, 알게니브(페가수스자리), 알페라츠(안드로메다자리)로 이루어진다.

영문명	한국명	별자리	문자	등급
Fomalhaut	포말하우트	남쪽물고기	α	1.20
Mirphak	미르팍	페르세우스	α	1.79
Hamal	하말	양	α	2.00
Diphda	디프다	고래	β	2.04
Mirach	미라크	안드로메다	β	2.06
Mira	미라	고래	o	2.10
Alpheratz	알페라츠	안드로메다	α	2.10
Algol	알골	페르세우스	β	2.12
Almaak	알마아크	안드로메다	ɣ1	2.30
Scheat	쉬트	페가수스	β	2.42

겨울철 밝은 별 목록

　겨울의 대삼각형은 프로키온(작은개자리), 시리우스(큰개자
리), 베텔기우스(오리온자리)이고 겨울의 다이아몬드는 프로
키온(작은개자리), 시리우스(큰개자리), 리겔(오리온자리), 알데바
란(황소자리), 카펠라(마차부자리), 폴룩스(쌍둥이자리)가 만드는
밤하늘의 큰 보석이다.

영문명	한국명	별자리	문자	등급
Sirius	시리우스	큰개	α	−1.46
Capella	카펠라	마차부	α	0.08
Rigel	리겔	오리온	β	0.12
Procyon	프로키온	작은개	α	0.38
Betelgeuse	베텔기우스	오리온	α	0.40
Aldebaran	알데바란	황소	α	0.85
Pollux	폴룩스	쌍둥이	β	1.14
Adara	아드아라	큰개	ε	1.50
Bellatrix	벨라트릭스	오리온	γ	1.64
Alnath	엘나쓰	마차부	β	1.65

참고문헌

곽영직 · 김충섭,『별자리여행』, 사이언스북스, 1998.

김지현 · 이한주,『밤하늘로 가는 길』, 현암사, 1997.

레이모 쳇, 김혜원 옮김,『아름다운 밤하늘』, 사이언스북스, 2004.

이태형,『재미있는 별자리여행』, 김영사, 2003.

정태민,『별자리에 숨겨진 우리 역사』, 한문화, 2007.

콘솔메그노 가이 · 데이비스 덴, 최용준 옮김,『오리온자리에서 왼쪽으로』, 해나무, 2003.

Harper Collins Publishers,『*Nigh Sky*』, Harpercollins, 1999.

John woodruff&Wil Tirion,『*Philip's Star Finder*』, Philip's, 2003.

프랑스엔 〈크세주〉, 일본엔 〈이와나미 문고〉,
한국에는 〈살림지식총서〉가 있습니다.

📖 전자책 | 🔍 큰글자 | 🔊 오디오북

별자리 이야기

펴낸날	초판 1쇄 2014년 6월 30일
	초판 6쇄 2022년 11월 25일
지은이	이형철 외
펴낸이	심만수
펴낸곳	(주)살림출판사
출판등록	1989년 11월 1일 제9-210호
주소	경기도 파주시 광인사길 30
전화	031-946-1350 팩스 031-624-1356
홈페이지	http://www.sallimbooks.com
이메일	book@sallimbooks.com
ISBN	978-89-522-2897-0 04080
	978-89-522-0096-9 04080(세트)

※ 값은 뒤표지에 있습니다.
※ 잘못 만들어진 책은 구입하신 서점에서 바꾸어 드립니다.

126 초끈이론 아인슈타인의 꿈을 찾아서

eBook

박재모(포항공대 물리학과 교수) · 현승준(연세대 물리학과 교수)

빠르게 발전하고 있는 초끈이론을 일반대중이 이해할 수 있도록 쉽게 풀어쓴 책. 중력을 성공적으로 양자화하고 모든 종류의 입자와 그들 간의 상호작용을 포함하는 모형으로 각광받고 있는 초끈이론을 설명한다. 초끈이론을 이해하기 위해 필요한 양자역학이나 일반상대론 등 현대물리학의 제 분야에 대해서도 알기 쉽게 소개한다.

125 나노 미시세계가 거시세계를 바꾼다

eBook

이영희(성균관대 물리학과 교수)

박테리아 크기의 1000분의 1에 해당하는 크기인 '나노'가 인간세계를 어떻게 바꿔 놓을 것인지에 대한 해답을 제시하는 책. 나노기술이란 무엇이고 나노크기의 재료들은 어떻게 만들어지는가, 나노크기의 재료들을 어떻게 조작해 새로운 기술들을 이끌어내는가, 조작을 통해 어떤 기술들을 실현하는가를 다양한 예를 통해 소개한다.

448 파이온에서 힉스 입자까지

eBook

이강영(경상대 물리교육과 교수)

누구나 한번쯤 '우주는 어디에서 시작됐을까?' '물질의 근본은 어디일까?'와 같은 의문을 품어본 적은 있을 것이다. 물질과 에너지의 궁극적 본질에 다가서면 다가설수록 우주의 근원을 이해하는 일도 쉬워진다고 한다. 이 책은 바로 이러한 질문들의 해답을 찾기 위해 애쓰는 물리학자들의 긴 여정을 담고 있다.

035 법의학의 세계

eBook

이윤성(서울대 법의학과 교수)

최근 드라마나 영화를 통해 일반인의 호기심을 자극하고 있지만 거의 알려지지 않은 법의학을 소개한 책. 법의학의 여러 분야에 대한 소개, 부검의 필요성과 절차, 사망의 원인과 종류, 사망시각 추정과 신원확인, 교통사고와 질식사 그리고 익사와 관련된 흥미로운 사건들을 통해 법의학에 대한 이해를 돕는다.

395 적정기술이란 무엇인가 eBook

김정태(적정기술재단 사무국장)

적정기술은 빈곤과 질병으로부터 싸우고 있는 전 세계의 사람들에게 희망을 안겨주는 따뜻한 기술이다. 이 책에서는 적정기술이 탄생하게 된 배경과 함께 적정기술의 역사, 정의, 개척자들을 소개함으로써 적정기술에 대한 기본적인 이해를 돕고 있다. 소외된 90%를 위한기술을 통해 독자들은 세상을 바꾸는 작지만 강한 힘이란 무엇인가에 대해서 알 수 있을 것이다.

022 인체의 신비

이성주(코리아메디케어 대표)

내 자신이었으면서도 여전히 낯설었던 몸에 대한 지식을 문학, 사회학, 예술사, 철학 등을 접목시켜 이야기해 주는 책. 몸과 마음의 신비, 배에서 나는 '꼬르륵' 소리의 비밀, '키스'가 건강에 이로운 이유, 인간은 왜 언제든 '사랑'할 수 있는가에 대한 여러 학설 등 일상에서 일어나는 수수께끼를 명쾌하게 풀어 준다.

036 양자 컴퓨터 eBook

이순칠(한국과학기술원 물리학과 교수)

21세기 인류 문명에서 가장 중요한 요소 중의 하나로 꼽히는 양자 컴퓨터의 과학적 원리와 그 응용의 효과를 소개한 책. 물리학과 전산학 등 다양한 학문적 성과의 총합인 양자 컴퓨터에 대한 이해를 통해 미래사회의 발전상을 가늠하게 해준다. 저자는 어려운 전문용어가 아니라 일반 대중도 이해가 가능하도록 양자학을 쉽게 설명하고 있다.

214 미생물의 세계 eBook

이재열(경북대 생명공학부 교수)

미생물의 종류 및 미생물과 관련하여 우리 생활에서 마주칠 수 있는 여러 현상들에 대해, 알기 쉽게 풀어 설명한다. 책을 읽어나가며 독자들은 미생물들이 나름대로 형성한 그들의 세계가 인간의 그것과 다름이 없음을, 미생물도 결국은 생물이고 우리와 공생하고 있다는 사실을 알 수 있을 것이다.

375 레이첼 카슨과 침묵의 봄　eBook

김재호(소프트웨어 연구원)

『침묵의 봄』은 100명의 세계적 석학이 뽑은 '20세기를 움직인 10권의 책' 중 4위를 차지했다. 그 책의 저자인 레이첼 카슨 역시 「타임」이 뽑은 '20세기 중요인물 100명' 중 한 명이다. 과학적 분석력과 인문학적 감수성을 융합하여 20세기 후반 환경운동에 절대적 영향을 준 레이첼 카슨과 『침묵의 봄』에 대한 짧지만 알찬 안내서.

277 사상의학 바로 알기　eBook

장동민(하늘땅한의원 원장)

이 책은 사상의학이라는 단어는 알고 있지만 심리테스트 정도의 흥밋거리로 알고 있는 사람들에게 바른 상식을 알려 준다. 또한 한의학이나 사상의학을 전공하고픈 학생들의 공부에 기초적인 도움을 준다. 사상의학의 탄생과 역사에서부터 실생활에서 적용할 수 있는 간단한 사상의학의 방법들을 소개한다.

356 기술의 역사 　펜석기에서 유전자 재조합까지

송성수(부산대학교 기초교육원 교수)

우리는 기술을 단순히 사물의 단계에서 생각하기 쉽다. 하지만 기술에는 인간의 삶과 사회의 배경이 녹아들어 있다. 기술의 역사를 통해 우리는 기술과 문화, 기술과 인간의 삶을 연결시켜 생각할 수 있게 될 것이다. 이 책을 읽은 후 주변에 있는 기술을 다시 보게 되면, 그 기술이 뭔가 다른 느낌으로 다가올 것이다.

319 DNA분석과 과학수사　eBook

박기원(국립과학수사연구소 연구관)

범죄수사에서 유전자분석에 대한 관심이 커지고 있지만 간단하게 참고할 만한 책은 거의 없는 실정이다. 이 책은 적은 분량이지만 가능한 모든 분야와 최근의 동향을 소개하고 있다. 특히, 내용의 이해를 돕기 위하여 서래마을 영아유기사건이나 대구지하철 참사 신원조회 등 실제 사건의 감정 사례를 소개하는 데도 많은 비중을 두었다.

eBook 표시가 되어있는 도서는 전자책으로 구매가 가능합니다.

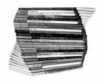

㈜살림출판사
www.sallimbooks.com
주소 경기도 파주시 문발동 522-1 | 전화 031-955-1350 | 팩스 031-955-1355